江苏省教育科学“十三五”规划专项课题（C-a/2018/03/02）资助
中国高等教育学会高等教育科学研究重点项目（GZYZD2018026）资助
江苏省高校自然科学面上项目（19KJB520029）资助
江苏高校“青蓝工程”中青年学术带头人项目资助
江苏高校哲学社会科学项目（2020SJA1116）资助

“互联网+”背景下混合式学习模式建构研究

张勇昌　耿潘潘　著

燕山大学出版社
·秦皇岛·

图书在版编目（CIP）数据

“互联网＋”背景下混合式学习模式建构研究 / 张勇昌，耿潘潘编著.
—秦皇岛：燕山大学出版社，2020.12（2026.1 重印）
ISBN 978-7-5761-0075-4

Ⅰ．①互… Ⅱ．①张… ②耿… Ⅲ．①网络教学－教学模式－研究
Ⅳ．① G434

中国版本图书馆 CIP 数据核字（2020）第 225495号

“互联网＋”背景下混合式学习模式建构研究

张勇昌 耿潘潘 编著

出 版 人：陈 玉
责任编辑：王 宁　　策划编辑：杨春茹
责任印制：吴 波　　封面设计：刘韦希
出版发行：燕山大学出版社 YANSHAN UNIVERSITY PRESS　　电 话：0335-8387555
地 址：河北省秦皇岛市河北大街西段 438 号　　邮政编码：066004
印 刷：廊坊市印艺阁数字科技有限公司　　经 销：全国新华书店

开 本：889 mm×1194 mm 1/32　　印 张：6.75
版 次：2020年 12 月第 1版　　印 次：2026 年 1 月第 2 次印刷
书 号：ISBN 978-7-5761-0075-4　　字 数：152 千字
定 价：58.00 元

前　　言

互联网诞生于20世纪60年代末期，是迄今为止人类最伟大的发明之一。互联网在改变人类的生产方式、生活方式和交互方式的同时，也改变了知识的生成方式、发展过程、获取手段和传播途径。对于人类的学习和文明的发展而言，它比文字和印刷术的发明更具有颠覆性和创造性。互联网改变了人类的学习方式和教育模式。教育的目的是促进人的全面发展。在互联网和信息技术迅猛发展的今天，教育信息化是所有教育工作者必须面对的问题。如何充分利用信息技术的优势，改进人类的学习方式和教育模式，从而适应互联网时代社会发展对人才培养的客观需求，实现教育的真正目的，成为当下人们关注的热点问题，这也是新时期我国教育教学改革的关键点和突破点。本书以“互联网+”背景下的混合式学习作为主要研究对象，在理论综合、问卷调查和重点访谈的基础上，研究混合式学习的影响因素，设计混合式学习平台的构建模型，探索混合式学习的实施路径，并在实证分析的基础上开展混合式学习的效果评价工作，以期能为我国教育信息化的改革与创新提供有益的参考。具体内容如下：

（1）简述互联网及信息技术对教育的影响，研究互联网对高等教育发挥的深远作用，并在此基础上分析了混合式学习的概念及其内涵。混合式学习理论包含联通主义学习理论、建构主义学习理论、认知主义学习理论、人本主义学习理论、教育技术理论等多种学习理论，它不是以某一个学习理论为基础的，而是多种学习理论的混合。这种混合不是简单的叠加，而是在混合中创新，是在互联网和信息技术支持下的多种学习理论的集中与融合，是学习理论的集体升华，是一种扩展性创新。它的价值在于不断地探索如何在更复杂的环境下提供更优化的解决方案，把不同学习方式的优点结合在一起，进而在教学实践中不断完善、总结和提升。

（2）对我国10所普通高校大学生混合式学习的开展情况进行了问卷调查与分析。探究我国普通高校大学生对混合式学习的使用频率、认知程度、态度偏好和评价建议等，并从中探寻我国普通高校混合式学习的影响因素、实现路径与评价方法。问卷选取10所高校调查，采用统计方法对获取的调查数据进行分析研究。并通过对高校教师和教育工作者的访谈，了解教师对混合式学习的评价与建议，进而发现和探究混合式学习在实际使用中存在的问题和改进方向，为混合式学习的研究收集素材和资料。

（3）采用结构方程模型，从学习者的角度研究影响混合式学习学生接受度的因素，建立混合式学习学生接受度模型，并通过实证研究验证感知易用性、感知有用性、学习气氛、交互行为是影响混合式学习学生接受度的重要因素。把学习背景作为调节变量引入影响因素的研究中，分析测算学习背景对感知易用性、感知有用性、学习气氛和交互行为之间的调节作用。采用因子分析法，对混合式学习影响因素进行测定，确定混合式学习接受度的关键影响因素及其影响作用。研究发现学习背景对感知易用性和学习气氛有明显调节作用，而对感知有用性和交互行为并没有显著调节作用。

（4）提出混合式学习平台的两种设计思路：引入型混合式学习平台和创新型混合式学习平台。根据在校大学生的学习特点、学习需求、学习风格和学习意愿，结合 MOOC 平台的优势和技术特点，提出混合式学习平台的设计思路。介绍和展示创新型混合式学习平台的技术特点和特色功能。依托混合式学习平台进行混合式学习教学设计，并开展教学实验。通过对实验课程教学过程的分析，探讨在教育资源和学时有限的情况下，如何在教学实践中科学合理地分配面对面学习和在线学习各自所占的比重和时间，并探索混合式学习在高校教学中的运用规律和存在的问题。

（5）运用德尔菲法和层次分析法为混合式学习遴选评价指标，确定指标权重，并构建一套实用、规范、可行的评价体系。混合式学习教学活动的参与主体和传统课堂教学相同，包括教师、学生和学校管理部门，因此其评价主体必然是教师、学生和学习管理部门。传统课堂面对面学习的效果评价往往以学生成绩作为学习效果的主要评价指标，缺乏学生学习过程的评价和学习感受的反映，因此不能全面反映学生的真实水平和能力。在混合式学习评价过程中，评价指标的遴选是全程化、多元化和综合化的，据此确定混合式学习效果评价指标体系包括 4 项一级指标、14 项二级指标，制定评价指数标准，得出评价计算公式，并以混合式学习实验课程为例开展学习效果评价。通过独立样本 t 检验和卡方检验，结果表明，采用混合式学习方式的学生不但学习成绩有明显提高，而且在学习能力、学习兴趣和学习管理等方面也得到了显著提升。

本书前言、第1章、第2章、第3章、第4章、第7章由张勇昌撰写；第5章和第6章由耿潘潘撰写；最后由张勇昌对全书进行统稿。

本书的出版得到江苏省教育科学"十三五"规划专项课题"基于MOOC的混合式学习实现路径与效果评价研究"（C-a/2018/03/02），中国高等教育学会高等教育科学研究重点项目"我国高等职业教育信息化水平评价体系研究"（GZYZD2018026），江苏省高校自然科学面上项目"基于云计算的大数据处理关键技术研究"（19KJB520029），江苏高校"青蓝工程"中青年学术带头人项目，江苏高校哲学社会科学项目"MOOC模式下混合式学习学生接受度影响因素与效果评价研究"（2020SJA1116）项目的资助。

目　　录

第 1 章　绪　　论

1.1 选题的背景与意义

1.1.1 问题的提出

信息技术作为现代科学技术的核心和基础，已广泛地深入到人类生活的方方面面，带来了工作方式、学习方式、交往方式、思维方式等诸多方面的变革。教育领域也不例外，自 20 世纪 60 年代以来，以计算机网络为代表的信息技术开始应用到教育之中，推动了现代教育技术的发展，并呈现为计算机辅助教学（CIA）、计算机辅助学习（CAL）、信息技术与课程整合（IITC）三个阶段。无论是我国还是西方发达国家，都把教育信息化看成是培养新型人才的重要途径。

当前，随着“互联网 +”概念的提出，教育信息化要求的不再是简单的传统课堂加计算机辅助教学的层面，而是以互联网为中心，解构课程要素，重构新的结构、新的体系，强调利用网络技术创建出能够支撑情境创设、信息获取、资源共享、多重交互、协作学习等多方面要求的教学环境，从而提升各学科教学质量，以较少的资金投入培养出更多的优秀人才，以较少的时间实现教育目标。这些是教育信息化的优势所在，但教育信息化真正落到实处的关键还在于教师，他们是信息技术的实际应用者、课堂教学的践行者、学生学习的指导者，只有教师具备信息化教学设计能力，教育信息化才能在网络时代的新背景下真正得以实现。

2015 年 3 月 5 日，国务院总理李克强在第十二届全国人民代表大会第三次会议上所作的《政府工作报告》中提出"互联网+"概念，倡导积极利用互联网的优势，与社会各个行业充分整合，形成信息时代发展新局面。2015 年 7 月，《国务院关于积极推进"互联网+"行动的指导意见》中明确要求"探索新型教育服务供给方式"。目前，"互联网+"已渗透到学校教育的方方面面，包括课程、教学、学习、教学评价及教育科学研究等。众多教育研究者敏锐地意识到，把互联网引入教育将成为深化教育改革的新契机和新助力，对于"互联网+教育"的分析、探讨也层出不穷。为此，笔者于 2016 年 6 月在 CNKI 数据库中，以检索项："主题"，检索词："互联网+教育"，匹配："精确"的检索方式为依据，检索出相关研究论文 25387 篇，由此可见，互联网与教育领域的整合研究已经成为广大教育研究者关注的热点问题。

互联网诞生于 20 世纪 60 年代末期，是迄今为止人类最为伟大的发明之一。互联网在改变人类的生产方式、生活方式和交互方式的同时，也改变了知识的生成方式、发展过程、获取手段和传播途径。对于人类的学习和文明的发展而言，它比文字和印刷术的发明更具有颠覆性和创造性。如果说在 2008 年以前，互联网改变人类传统的学习方式和教育模式还只是一个梦想，而随着 MOOC（Massive Open Online Course，即大规模在线开放课程）的出现，这一梦想实现了。MOOC 形成于 2008 年，一经问世就以星火燎原之势席卷了全球。这场由斯坦福大学、麻省理工学院和哈佛大学等世界一流名校掀起的教育改革，引发了社会各界对当前高等教育学习方式和教育模式的广泛关注和思考，同时，MOOC 的诞生也标志着教育开始真正进入了互联网时代。

2012 年，MOOC 的三大平台 Udacity、Coursera、edX 相继成立（蔡文颖，2013）。短短数年间，MOOC 吸引了全世界近百所名校参与，上万门课程上线，数以千万计的学习者注册学习（曹继军，2013）。从北美到欧洲，从欧洲到亚洲，基于 MOOC 模式的在线教育联盟如雨后春笋般蓬勃发展。MOOC 井喷式的发展也引起了我国教育界的极大关注和深入研究。2012 年 3 月，教育部制定并出台了教育信息化工作的重要指导性文件《教育信息化十年发展规划（2011—2020）》，文件指出，要加快推进我国优质教育资源的建设与共享，将信息技术应用于教育教学中，不断创新人才培养模式。MOOC 来势汹汹，面对其给国内高等教育带来的冲击与挑战，清华大学、北京大学、复旦大学、上海交通大学和南京大学等国内知名高校积极行动，一方面，在 Coursera、edX 等平台上推出了自己的 MOOC 课程；另一方面，迅速组建了学堂在线、中国大学 MOOC、好大学在线等本土化 MOOC 平台，积极推动了互联网与优质教育资源的深度结合（焦建利，2014）。2013 年，MOOC 在全球遍地开花，然而，在 MOOC 的推广和使用过程中，人们逐渐发现了 MOOC 存在的问题与不足，例如，高注册率、低通过率；没有导学环节，开展课程学习之前需要学习者自行补充大量预备知识；课程设计以视频为主，形式单调，不利于深度学习的开展；学习交互受到学习者数量和技术因素的影响，缺乏深度交流，与面对面学习方式相差甚远；学习评价机制不完善；成绩认证尚不成熟，学习诚信难保证等（杜世纯，2014）。这些弊端和问题，使很多学习者对 MOOC 失去了起初的热情。

2016 年，Udacity 放弃了与高校的合作，致力于开展计算机或新技术领域的培训；Coursera 的联合创始人吴恩达和达芙妮也相继卸任，开始从事人工智能、大数据和机器学习等前沿科技的研究与实践工作；国内 MOOC 平台学习者的人数也还远远不及预期，据统计，截止到2016年12月，去除各类重叠，国内 MOOC 平台上的注册用户已经不足 1000 万人（刘佳慧，2017）。

MOOC"热"的迅速降温，引发了人们的激烈争论和深刻思考，很多专家和学者又重新审视面对面学习方式的优势。基于课堂教学的面对面学习方式是以教师为中心的学习方式，它的优势在于有利于教师对教学过程的组织与管理，有利于深度学习的开展，有利于学习者快速、有效、系统地掌握知识技能，也有利于师生之间的情感交流，这些优势是在线学习无法取代的。在线学习与面对面学习都有其优势，也有其不足，如果能因势利导地将其两者结合起来，使两种学习方式的优势互为补充，形成一种全新的学习方式，其学习效果和教学质量必然会产生质的飞跃。因此，如何把基于课堂教学的面对面学习和基于 MOOC 的在线学习结合起来，创造出一种全新的、科学的、高效的学习方式成为人们新的期待。目前，应对 MOOC 的挑战，探索人类全新的学习方式已经成为全球教育界研究的前沿课题和重大项目。素有高等教育风向标之称的美国新媒体联盟（NMC）于 2016 年 2 月推出了最新一期的《地平线报告》（高等教育版），报告分析指出，混合式学习（Blended Learning）已经成为一种全新的学习方式，它的平台设计与应用推广将是未来高等教育发展的重要方向（孙款，2012；金慧，2016）。什么是混合式学习？它能将面对面学习方式和在线学习方式二者的优势融为一体吗？它在实际教育教学中如何实现？它的评价方式又如何构建？以上问题就是本书研究的重点问题，笔者将通过借鉴国内外相关科学方法和研究经验开展工作，并试图逐一解答，以期有新的发现。

1.1.2 研究意义

一般认为，具有现代教育意义的基于课堂的面对面学习方式起源于 16 世纪的欧洲。在德、法等一些国家的古典中学里，随着年级和学科的出现，基于课堂的面对面学习成为学校的主要教学组织形式。因为以面对面学习方式为核心的班级教学能有效提升教育质量和教育效率，所以班级教学模式在欧洲得到了逐步推广。17 世纪，捷克著名教育学家阿姆斯·夸美纽斯（Comenius）在其所著的《大教学论》中，总结了以面对面学习为核心的班级教学经验，从而奠定了影响深远的现代教育教学理论（钟启泉，2008）。18 世纪，工业革命的爆发带动了社会生产力的迅猛发展，社会经济的增长和科学技术的进步客观上刺激了人才的需求，以面对面学习方式为核心的班级教学在全世界范围内发展起来，成为近现代教育教学的主要形式（安东尼 · 史密斯，2010）。毋庸置疑，面对面学习方式是人类最为古老的学习方式之一，已存在了数千年，即使从具有

现代教育意义的班级教学诞生到现在，也已经有500年的历史了。直至今天，在全世界各类学校和各种教育机构中，基于课堂教学的面对面学习方式仍然是人们学习和学校教育的主要形式之一，它伴随了人类社会生产力和科学技术发展最为迅猛的500年，它对人类社会的贡献不言而喻，但它自身存在的弊端随着信息技术的广泛应用和推广而逐渐暴露出来。例如，以教师为中心的面对面学习方式课程内容固定，难以实现个性化学习的培养和全过程的学习评价；千人一面的教育模式往往使学习者的个性特征缺失、学习兴趣不够、自学能力不足、学习方法单一；学习规模有限，阻碍了教育公平的实现等。特别是在高等教育领域，在教育对象已经从"精英"走向了"大众"的今天，在人们对高等教育赋予更高期望的当下，改变现有学习方式，提升学习效率和教育质量，正在成为高校教育工作者亟待解决的难题。

互联网时代，信息技术推动下的各类教育教学改革以及教育信息化工作的发展与创新，是近几年来全球教育界广泛关注的热点问题。基于教育信息化的教育改革与创新成为各级政府、教育主管部门、专家和学者们研究的新课题，也成为教育学、教育管理学、教育经济学、教育社会学以及教育技术学等学科日益活跃的研究领域。基于互联网和信息技术的混合式学习方式与以往传统的学习方式不同，它突破了学习时间和学习空间的限制，实现了教育资源的共享化、学习过程的自主化、交互行为的信息化、学习风格的个性化、学习评价的全程化，以及教学管理的高效化，赋予教育以崭新的内容、全新的观念和科学的方法，重塑了一个开放、共建、共享的教育生态系统，是未来教育的重要形态和发展趋势，是教育改革中不可或缺的推动力量。2016 年 6 月，教育部制定并出台了《教育信息化“十三五”规划》，到 2020 年，基本建成随时随地皆可学习的教育信息化体系，与国家“互联网 + 教育”发展目标相适应（焦建利，2013）；基本实现教育信息化对学生德智体美全面发展的促进作用，对教育领域深化改革的引领作用，对教育突破创新发展、全面均衡发展和高效优质发展的提升作用（张玉飞，2016）；基本形成具有国际先进水平、信息技术与教育教学全面融合的中国特色教育信息化发展模式。《国家中长期教育改革和发展规划纲要（2010—2020 年）》《教育信息化十年发展规划（2011—2020 年）》《教育信息化“十三五”规划》三部文件一脉相承，明确了“互联网 + 教育”时代我国教育面临的主要问题以及未来五年、十年的工作思路和目标，为我国新时期教育信息化工作规划了蓝图，指明了方向。

互联网时代，高等教育人才培养目标由标准化、专业型向多元化、复合型转变，而知识的生成、获取、发展和传播方式也在互联网和信息技术的影响下发生重大转变，这双重叠加的变化给高等教育发展带来了困境，也带来了机遇。研究“互联网 +”背景下的混合式学习问题，正是在“互联网 + 教育”背景下，为破解我国高等教育发展历程中遇到的瓶颈与难题而开展的工作。混合式学习是以学习者为中心的教育范式，是“互联网 + 教育”时代学习方式和教育模式的重大创新与变革。研究混合式学习的相关问题，探索混合式学习的实现路径和评价方法，是实现我国新时期教育信息化工作目标的重要途径，这也是本书的研究意义所在。

1.2 国内外研究综述

1.2.1 “互联网 +” 对教育的影响

在“互联网＋教育”的探讨上，目前还没有一个准确的权威性定义，众多的教育研究者都力图从不同视角去阐释其内涵。王竹立（2015）认为“互联网＋”的本质就是碎片与重构，是将原来的一切都分解成碎片，然后再以互联网为中心重新组建起来，成为新的体系、新的结构。因此，“互联网＋教育”意味着未来的一切教与学活动都围绕互联网进行，教师在互联网上教，学生在互联网上学，信息在互联网上流动，知识在互联网上成型，线下活动成为线上活动的补充与拓展。这里的互联网既是条件支撑，又是整个教育体系的核心。刘惠闵（2016）则从“＋互联网”到“互联网＋”的转变入手，指出原有信息技术与学科整合知识只是停留在将互联网作为工具的“＋互联网”阶段，而“互联网＋教育”则是一种思维翻转，强调利用大数据的汇集和分析，为各项教育决策制定提供客观依据，也为课程设置和课程内容的选择提供科学根据。张岩（2016）则从“互联网＋”所冲击到的各个教育层面着手探讨，畅想未来的“互联网＋教育内容”将重在探索以课程设计为核心，集成整合各类优质教育教学资源，构建教育资源的网络超市，为社会提供多层次、高品质的公共教育服务；“互联网＋教育体验”将以学习者的需求为导向，以学习者的体验为核心；“互联网＋教育管理”可以有效促进教学教务管理、学生管理、校园管理，打造智慧校园；“互联网＋教育评价”环境下，每个人都是评价的主体，也是评价的对象，社会各方面介入教育评价更为方便也更为深入。同样，刘云生（2017）也指出“互联网 + 教育”是一场划时代的变革：在教育目标上，教育不再把让人实际拥有知识、能力作为唯一重要的育人指向，而是把致力于提升人自由互联的智慧作为其核心追求；在教育形态上，从主要以班级授课制为基本形式的学校教育走向普遍以个性化菜单制为基本形式的社会化教育，使教育渗进世界的每一个毛孔之中；需要重构教育治理，从计划管控模式走向市场法治模式，给予教育主体充分的自由，建立教育市场的互联规则，切实保障教育的公益性质。赵国庆（2015）则从“互联网 + 教育”的优劣势出发，理性思考由此带来的机遇，包括教育资源的开放、师生关系的重构、教育共同体的向好发展、教育自我进化能力的提升，同时也犀利地指出可能存在的挑战：教育的育人功能面临被弱化的危险，碎片化学习带来的学习注意度和深度下降等，为此，需要我们冷静思考，做到坚持“教育为体，互联网为用”，发挥教育市场的主体作用，学校教育敢于由知识教育向思维教育转变。张忠华、周萍（2015）也从机遇与挑战的双重视角出发，探讨了“互联网 + 教育”可能存在的优劣势。

在 20 世纪 80 年代后，以计算机技术和电子通信技术为核心的信息技术取得了迅猛的发展，尤其表现为网络技术的重大突破和快速普及。从 1969 年“阿帕网”（ARPA 网）在美国国防计划署的诞生到 1990 年因特网（Internet）在全球范围内的开通，仅仅用了 20 年。我国自 1994 年宣布正式进入“因特网时代”以来，网络的普及速度之快、渗透程度之深令人惊叹。中国互联网络信息中心（CNNIC）在 2016 年 1 月 22 日发布了《第 37 次中国互联网络发展状况统计报告》，数据显示，截

止到2015年12月底，我国网民总数达到6.88亿，互联网普及率达到50.8%，超半数中国人使用互联网。其中，以移动互联网、云计算、大数据等为代表的新一代信息技术正以前所未有的广度和深度渗透到人们生活的方方面面，除了传统的通信、消费领域以外，互联网与医疗、教育、交通、金融等社会领域的整合程度也在不断加深。互联网已然成为人们工作、学习和生活的"基础元素"，可以说，互联网对于整个社会的影响已经进入到一个全新的阶段。

目前对于"互联网+"既没有形成统一的定义，也没有明确界定其内涵。最早是在2012年，易观国际董事长于扬提出"互联网+"的概念，认为所有的传统行业都应该被互联网改变，创业者需要找到自己的"互联网+"。于扬虽提出了"互联网+"概念，但并未作出系统论述。2015年"两会"，马化腾在其人大提案中明确提出："互联网+"是以互联网平台为基础，利用信息通信技术与各行业的跨界融合，推动产业转型升级，并不断创造出新产品、新业务与新模式，构建连接一切的新生态。随后，《政府工作报告》中提出制定"互联网+"行动计划，但对"互联网+"并未作出具体解释。2015年3月，阿里研究院颁布了国内第一份《"互联网+"研究报告》，全面系统地研究了"互联网+"，明确指出"互联网+"是以互联网为主的一整套信息技术（包括移动互联网、云计算、大数据技术等）在经济、社会生活各部门的扩散、应用过程。其前提是互联网作为一种基础设施被广泛安装，本质是传统产业的在线化、数据化，内涵根本区隔于传统意义上的"信息化"。李克强总理在2015年的《政府工作报告》中明确提出了"互联网+"的新概念，要求社会各行各业与互联网进行深度融合，推动技术进步、效率提升，改造传统的行业形态，形成以互联网为基础设施和创新要素的新形态。

面对这一时代发展趋势，我们需要认清：首先，“互联网 +”是不可回避的时代发展潮流，是继工业化、信息化之后的社会发展新动力，需要我们以积极主动的姿态去面对；其次，“互联网 +”中的“+”不是简单的辅助式加法，而是深度融合式的加法，是从碎片化到重构的加法，未来社会将被互联网连接为一个整体，互联网成为社会中枢，其他方面变成它的肌体和末梢；最后，“互联网 +”指向的是技术进步、效率提升和组织变革，进而形成高效的新形态。

1.“互联网 +”对课堂教学的影响

在“互联网 +”的发展潮流下，个人计算机和互联网不断普及，众多全新的信息技术和信息化产品逐渐渗透到教育领域。面对这一趋势，我们应该清楚地认识到，一方面，许多信息技术的创新成果并没有带来人们预想中的教育的彻底颠覆，智能教学并未完全取代教师的地位；另一方面，“互联网 +”也确实给教育领域带来了巨大的系统变革：在宏观上有着促进教育公平、便利学生自助学习、用大数据服务教务、学习不再有时空限制等时代机遇；在微观的课堂教学层面上，也牵动着课堂教学活动中的人、物、境等要素，并将其重新组合、连接起来。

首先，在“人的维度”上，人是教育活动最基本、最核心的构成要素，这与互联网思维中突出人的概念不谋而合。互联网思维中对于“人”，强调“开放共享，突出用户体验”。这样一来，“互联网 + 教育”就重新定义了教育活动中各类人与人的关系：一方面是师生关系，即教师不再自居为“知识权威"，而是以平等的身份和学生互通互联，共同整合教学相关信息，从而优化教学设计方案。同时，"突出用户体验"要求教师在教学过程中"以学生为中心"，注重分析教学对象的学习情况和教学反馈情况，能够摆脱原有的从日常教学经验出发的分析状态，转而常态化地使用计算机的自动测试与评分、学习问题诊断、学习任务分配等信息技术手段，并能有效分析相关数据、报告，发现其中的教学问题。另一方面是教师个体或群体之间的关系，尤其是教师间的教学设计的分享、合作意识，走出传统的校内学科交流圈，转而透过网络虚拟学习社区、教师交流论坛等新型平台，积极与地区内、国内各地，甚至国际的相关领域教师交流、讨论教学设计过程中所遇到的问题、积累的经验，从而形成更为广泛的交流圈。

其次，在"物的维度"上，互联网带来了新一代的信息承载体和承载方式，那么，支持教育活动发生的"物"也随之发生变革。从幻灯投影技术、设备，电视和计算机设备的配置到数字技术的网络、无线通信技术的移动产品，来自"物"的支持已经从简单的辅助层面向不可或缺的要素层面过渡。对于学习者而言，手机、平板等移动化信息设备拓展了学习空间，填补了碎片化时间；网络课程、资源网站等丰富了学习内容；自主学习软件帮助了其自主、合理规划学习进程。同时，对于教学者而言，基于大数据的教学分析技术使得教学过程转变为可视化的数据，为教学决策提供了客观、科学的依据。

最后，在"境的维度"上有两方面变化。一是教学环境的变化：在教学载体上，学生可以利用网络即时通信、论坛等信息通信技术和产品，获得更多形式的交流、学习，而教师同样也能利用信息化的教学分析技术与其他教师、学生展开更为广泛、深入的交流、讨论，同时还能有效记录交流过程和内容，便于检查、评价教学进程，进一步提升教学的有效性；在教学时空上，微课教学、翻转课堂、慕课等以信息设备、数字技术和网络平台为支撑的新兴教学模式近年来不断涌现，跳脱出传统的学校教育限制，打破了时空束缚，将网络线上教育与线下学习有机结合。二是教学情境的变化：借助于“互联网+教育”的各类教育信息技术和产品，能够让学习者置身于仿真情境之中，带着真实的任务去展开学习活动，其中包括利用图片、动画、视频等多媒体手段，创设生动可感的“故事情境”，充分调动学习者的视听感官，进而促进其完成知识的理解和建构；利用互联网丰富的信息来源引入真实案例，并利用多媒体手段增强其感染力，从而创设出真实、悬疑的“问题情境”，引导学习者分析情境、应用知识；利用几何画板等信息化交互软件，可以构建尽可能接近现实的实验环境，即“模拟实验情境”，为学习者呈现出直观的实验过程和实验结果；利用远程实时通信技术，组织学习者展开TBL活动（Team-Based Learning，即团队合作学习），明确各自角色，共同协作完成目标任务。

2.“互联网+”对教师信息化教学设计能力的新要求

当前的教师面对着全新的教学工具和教学环境，传统的教学设计能力已不能够完全适用。也就是说，教师在“互联网+教育”时代下必须与时俱进，逐步形成信息化教学设计能力。值得注意的是，“互联网+教育”时代下的信息化教学设计能力并非对传统教学设计能力的彻底颠覆，而是对后者进行积极的历史性继承，如都是课前的教学准备活动，都涉及学生、教学内容、教学媒介等教学基本要素，最终都要形成具有操作性的教学计划等，但同时也是对后者在“互联网+教育”的全新时代背景下的革新、发展。教师必须积极应对新的时代背景对自身信息化教学设计能力提出的新要求。

第一，要求教师必须认同、接纳“互联网+”元素与课堂教学设计深度整合的全新理念，在信息化教学设计能力的培养、提升过程中，积极主动地转变传统的教学设计思路，学习新一代信息技术和产品的应用技能。换句话说，教师必须改变固有看法，即认为“互联网技术和产品是干扰课堂教学的因素，尽量把互联网元素排除在教学设计之外”。显然，这种看法无疑是画地为牢，它只关注了青少年通过网络进行一些与教材、教学内容无关的活动，而忽视了网络时代下信息技术与网络资源对改变传统课堂教学模式，提升课堂教学效率的积极作用。因此，在“互联网+教育”时代，教师不仅仅是被动地等待组织学习网络技术和产品的应用，更重要的是在主观意愿上去认可、接纳互联网元素与教学设计中的其他各个要素、各个环节的有机整合，以主体者的姿态投入到信息化教学的潮流中去。

第二，对于任何能力的检查、评价的重点向来都是便于观察的外显行为，即技能。而现有的信息技术与课程整合，侧重于教师能够使用多媒体技术，在日常的课堂教学设计中利用计算机办公软件制作 PPT、播放网络视频等基本信息技术应用技能。但当前的“互联网+”已发展出云计算、大数据、移动互联网等新一代信息技术，教育领域随之而来的是微课、慕课、翻转课堂等新型教学模式的参与、教学数据的处理分析、网络资源的整合再现、新型媒介的应用等。这些“互联网+”时代下的新技术、新变化，对教师现有的教学设计能力提出了新要求：教师不能停留于基础的信息化教学技能，而应该时刻关注信息化教学技能的新动态，学习掌握新一代信息技术。值得注意的是，信息化教学设计能力在外显行为上还应区别于“器”的信息化，尤其是注意避免陷入工具主义的泥沼中。这不仅要求教师能够应用新一代的信息技术，还要求教师在教学设计的过程中能够注意应用的有效性，包括应用的时机、频率、形态、与教学内容的契合度、对教学对象的针对性等多种因素。

3.“互联网 +”背景下信息化教学设计能力的理论基础

建构主义学习理论产生于 20 世纪 90 年代，是在行为主义、认知主义基础上发展起来的教育心理学理论。其最早提出者可追溯到瑞士的皮亚杰，他认为儿童是在与周围环境相互作用的过程中，通过“同化”和“顺应”逐步建构，在“平衡—不平衡—新的平衡”中不断获得关于外部世界的知识，从而使自身认知结构得到发展。

建构主义学习理论认为“情境”“协作”“会话”和“意义建构”是学习环境中的四大要素，显然，网络环境有利于这四大要素的最充分发挥。“情境”：学习环境中的情境必须有利于学生对所学内容的意义建构，这就对教学设计提出了新的要求，即尽可能创设真实情境。在建构主义学习环境下，教学设计不仅要分析教学目标，还要考虑创设一切有利于学生意义建构的情境，并把网络环境下的情境创设看作是教学设计的最重要内容之一。“协作”：协作贯穿于学习过程的始终，包括学习资料的搜集和分析、学习策略的选择和运用、假设的提出和验证、学习成果的评价和交流、意义的最终建构。网络通信技术能有效实现远距离的协作，包括生生间的交流、师生间的

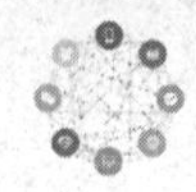

沟通反馈，甚至与学者、专家的交流，这些是传统手段所无法实现的。学生在已有的价值观判断下，以自己的方式来建构事物的意义，不同的人理解事物的角度是不同的，如果能通过与他人的讨论、互助等形式开展合作学习，学生就可以超越自己的认识，更加全面深刻地理解事物。这种学习方式不仅会逐渐提高学生的建构能力，丰富已有知识背景，升华所学知识，而且有利于今后的学习与发展。"会话"：会话是协作过程中不可缺少的环节，学生必须通过会话发表自己的看法，商讨计划的实施，并在这一过程中共享每个参与者的思考成果。因此，会话是实现意义建构的重要手段之一。多媒体计算机上带有的语音系统功能，则有利于学习小组成员、师生间的会话完成。"意义建构"：这是整个学习过程的最终目标，是学生在自我理解基础上的检验和调整。因此，教师在教学设计时，需要重视学习者在新旧知识经验间反复双向的相互作用，对于知识的呈现，不能像镜子那样去反映、呈现，而是通过多媒体技术和网络技术创设生动直观的形象和情景，有效地激发联想，唤醒长期记忆中有关的知识、经验，从而能利用自己存有认知结构中的有关知识与经验去同化当前学习到的新知识，赋予新知识以某种意义，这也是传统教学媒体和教学环境所无法实现的。

一方面，互联网为建构主义学习的开展提供了理想的资源、环境和认知工具，能有效促进学生的认知发展；另一方面，建构主义学习理论为网络环境与课程整合提供了坚实的理论基础。同时，建构主义学习理论所提倡的在教师指导下的、以学习者为中心的学习，也就是说，既强调学生的主体地位又不忽视教师的指导作用，明确教师在学生建构意义过程中的帮助者、促进者角色，这也为教师的信息化教学设计能力提供了理论基础。

胜任力理论。“胜任力”这一概念最早由哈佛大学的David教授在其1973年发表的题为《测量胜任能力而非智力》的重要论文中提出。他认为真正影响工作业绩的个人条件和行为特征就是能力，并指出工作绩效的持久品质和特征的决定性因素是这种胜任能力。1993年，Spencer根据胜任力理论提出了胜任力的理论模型，主要是冰山模型与洋葱模型两种，他把胜任力分为五个部分，分别为技能、知识、自我概念、特质和动机。在冰山模型当中，技能和知识部分位于上方，是可观察的，自我概念、特质、动机位于下方，是不可观察的。在洋葱模型中，技能和知识在最外面的表层，相对容易发展，其次是自我概念（态度、价值观），最里层的是特质和动机，不容易发展。

4.“互联网+”背景下信息化教学设计能力的要素及结构

（1）信息化教学设计能力的构成要素

能力是一个多维度的综合性概念，从不同视角出发延伸的内涵也有所不同。一方面，信息化教学设计能力是“互联网+”时代背景下教师生存、发展所必备的职业能力之一。从教师个体的工作绩效出发，关注的是教师对于信息设备的操作能力、动手能力，表现为一种外显的行为；另一方面，根据国际培训绩效教学标准委员会（IBSTPI）所发布的能力定义，是指“能使个体合乎标准地进行特定职务、岗位活动的个体知识、技能、态度等”，更多地强调个体从业心态、价值取向、知识储备等内隐的要求。因此，本研究整合这两方面的能力定义，从教师个体的专业发展需求出发，以胜任力理论为依据，将信息化教学设计能力划分为基本信息素养、信息化分析能力、信息化设计能力、信息化评价能力四个一级能力。每一个一级能力都涉及意识态度、知识、技能三个要素。

第一，意识态度作为核心内容，直接决定教师个体的职业心理，能够激发、指导教师的教学设计行为。它是内隐的、难以从外部观察的，也是“知识”和“技能”习得、发展、实践的内在动机，具体包括自我概念意识（即对信息化教学设计中教师角色定位的认识、对自己习得信息技术知识技能的自我效能感等），对以互联网为代表的信息技术的接纳程度和重视程度，在教学设计过程中对互联网思维的认可程度等。

第二，知识是外显的、可观察的，同时又具有基础性，是“技能”习得、运用的前提。在知识的构成上，一方面涵盖了三部分相互独立的知识板块，即信息技术知识、学科专业知识、教育教学知识；另一方面还包括各板块知识进一步交叉、融合的知识，如互联网环境下的教学知识、互联网资源与学科知识关系的认识等，而后者正是信息化教学设计得以有效开展的关键所在。只有具备了基础的综合性信息化教学设计知识，才能在一线的教学实践过程中不断实践、反馈、再发展，最终成长为适应“互联网+”时代的专业型教师。

第三，技能也是外显的、可观察的，同时又是在“知识”的基础上习得的，是发展性的结果，具体包括对信息化硬件设备（如计算机、电子白板、网络等）的操作、管理、应用技能，对信息化软件（如 PowerPoint、word、思维导图等）的操作应用技能，对网络资源（如学科课件网、教师交流论坛、在线测评系统、网络博客等）的获取、处理、开发、应用技能等。总的来说，信息化教学设计能力是意识态度、知识、技能三者进一步系统化整合形成的稳定的心理结构和外显行为。

（2）信息化教学设计能力的结构

根据上一部分中对信息化教学设计活动各环节的分析，同时参照国际培训绩效教学标准委员会（IBSTPI）所公布的教学设计能力标准，将信息化教学设计能力划分为基本信息素养、信息化分析能力、信息化设计能力、信息化评价能力四个一级能力。其中，除基本信息素养外，另外三个一级能力再具体划分为二级能力结构。

在信息化分析能力一项，针对不同分析对象表述为不同的二级能力，其中信息化分析教学对象是信息化教学设计活动前期开展的重要环节之一。教师通过各类信息化手段，客观、全面地了解教学对象的现有学习状况，从而确定出合适的“最近发展区”。主要包括关注学生运用计算机等信息设备的水平：利用网络资源或平台制作互动测试题目，以分析学生当前学习状况和能达到的最佳学习水平；能利用网络提供的调查问卷，测试并分析学生的学习动机等。把握课程目标的能力包括经常分析、研究本学科的课程标准要求：分析教学目标是教学设计活动的起点，需要教师根据不同班级学生、教学内容、教学条件等实际情况，确定合适的课堂教学目标，包括经常以三维目标的形式分析课堂教学目标，能够根据不同教学班级的实际情况适当修改教学目标等基本内容。除此之外，在“互联网 +”的背景下还强调关注教学对象的现有信息化水平，对信息化教学的接受程度等信息化内容。分析教学内容也是教学设计活动中不可或缺的环节之一，通常关注教学内容的重难点、顺序安排等内容，此外，还需突出应用网络软件编排教学内容等信息化手段。

在信息化设计能力中，首先，设计信息化教学目标要求教师能够划分教学目标的层次，使其具体化、可操作，尤其考虑学生对信息化教学的接受程度，学生应用网络资源和信息技术的目标；其次，设计教学内容的能力要求能够从教学单元、题材等整体角度来设计教学内容，注重考虑教学内容与学生已掌握知识的联系；再次，设计信息化教学环境是指通过合理设计网络、多媒体等教学工具，能够具备参与相关团队开发或个人独立开发的能力，开发适合教学活动开展的信息化资源或产品，营造特定的教学情境，以利于学生实现对知识的意义建构；同时，设计应用信息技术设备记录课堂教学，以便教师自身实现课后评价；最后，设计教学评价指教师通过合理设计网络问卷、互动测试等各类信息化评价工具，实现教学活动中的形成性评价和总结性评价。

信息化教学评价能力，即能够应用信息化手段开展形成性评价和总结性评价，具体包括经常撰写教学反思，并能够在博客、教师论坛等网络平台上与他人交流；能够应用网络在线测评系统评价学生成绩情况。评价信息化教学设计成果的能力，包括经常反思信息技术与教学设计各环节的整合是否合理；教学设计中的信息技术的实施是否简单易行。

5.“互联网 +”背景下信息化教学设计能力与传统教学设计能力的区别

信息化教学设计能力不是对传统教学设计能力的彻底颠覆、重组，而是在传统教学设计能力的基础上的进一步发展、完善，尤其突出信息技术的有机构成。依据建构能力的胜任力模型，从其所涵盖的意识态度、知识、技能三个维度来看，“互联网 +”背景下信息化教学设计能力相比传统教学设计能力发生了很大变化（见表 1-1）。

表 1-1　传统教学设计能力与"互联网 +"背景下信息化教学设计能力的辨析

辨析项目	传统教学设计能力	信息化教学设计能力
意识态度	主要以行为主义和认知主义教学理论为指导；侧重于教师的教法设计，尤其是对固有教学策略、教学模式的线性设计	主要以建构主义教学理论为指导，同时兼顾行为主义和认知主义教学理论；侧重于学生的学法，帮助学生实现对知识的意义构建，突出教学环境设计、任务设计等
知识	学科专业知识；一般教学法知识	基础知识（学科专业知识、一般教学法知识、信息技术知识）；交叉性知识（信息技术环境下的教学知识、信息技术与学科专业知识、传播学知识等）
技能	一般性的课堂教学技能	一般性的课堂教学技能；信息技术应用技能；信息技术环境下的课堂教学技能

根据上表辨析可以看出，信息化教学设计能力与传统教学设计能力在意识态度、知识、技能的三个辨析项目上，既存在具有本质区别的项目，也有进一步修改、完善的项目。相比之下，首先，信息化教学设计能力在具有方向指导作用的教学理论上，摒弃了纯粹的认知主义教学理论和行为主义教学理论指导，转向以建构主义教学理论为主体，兼顾认知主义教学理论和行为主义教学理论的新型综合化指导。教学设计的重心由"为了教"转变为"为了学"，强调的是为学生创设出有效的"学习情境"，包括教学环境设计、问题设计、任务设计等内容。其次，所应具备的知识在范围上更广，除了传统的学科专业知识、一般教学法知识以外，还要求教师掌握计算机、多媒体、网络相关的信息技术知识，三部分缺一不可。同时要求

教师掌握的知识层次更高，尤其是专业学科、教育教学、信息技术三者不同领域的交叉性、融合性知识。最后，所应具备的技能更为丰富，除了一般性的课堂教学技能（如三笔字技能、课堂讲演技能等）以外，还要求掌握计算机、多媒体等信息化设备的操作技能和网络资源的设计、开发技能。

1.2.2 关于 MOOC 的研究综述

MOOC 是 Massive Open Online Course 的缩写，其兴起的时间并不长。一般认为，MOOC 这一术语由布赖恩·亚历山大（Bryan Alexander）和戴夫·科米尔（Dave Cormier）提出，后用于 2008 年乔治西·蒙斯（Simons）和斯蒂芬·唐尼斯（Stephen Downes）合作开设的大型互联网在线课程“关联主义学习理论和连接的知识”（乔治·西蒙斯，2009；王颖，2013）。MOOC 一经问世就在全球范围内迅速发展起来，并对现行的学习方式和教育模式产生了重大影响，引起了教育界的广泛关注。

1. 国内 MOOC 研究现状

从相关研究文献来看，我国学者对 MOOC 的研究开始于 2009 年，至今已 10 年有余，可谓成果丰硕。在中国知网（CNKI）数据库中，笔者分别以“Massive Open Online Course”“MOOC”“大规模在线课程”“慕课”等为关键词进行文献检索，发现截至 2019 年 12 月 31 日，与 MOOC 相关的学术文献共有 14790 篇，并且从 2013 年开始呈现猛增态势（见图 1-1）。从总体上看，国内学者关于 MOOC 的研究主要集中在 MOOC 的核心、理念与内涵，MOOC 对高等教育的影响，MOOC 的应用和反思等方面。

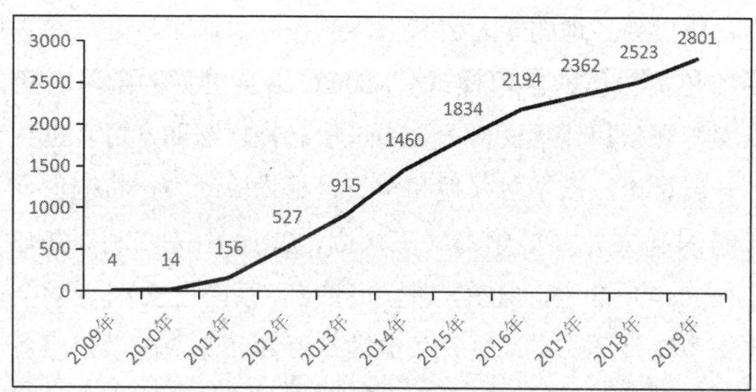

图 1-1　国内 11 年来与 MOOC 相关的文献数量

在国内，MOOC 一般被称为大规模开放在线课程，也有人将其翻译为“慕课”。王永固（2014）认为，MOOC 是散布于互联网的大型开放在线课程，以增强知识的传播与分享为目的。牟占生（2014）认为，MOOC 是远程教育技术的最新发展，它是一种利用互联网平台开放共享教育资源的在线课程。程建钢（2008）认为，MOOC 是以视频为主且具有交互功能的网络课程，其突出特点是以小段视频为主，并基于大数据分析促进“教”与“学”的进步。李明华（2013）认为，MOOC 加速了全球教育资源开放运动，他分析了 Coursera 上的课程资源与中国国家精品课程的不同，并指出我国本土化 MOOC 的发展方向。孙雨生（2015）认为，MOOC 是当前流行于西方发达国家的新型在线教学模式，其开放、大规模的特点有助于教育公平的实现与普及。赵磊（2016）认为，MOOC 为学习者提供了一种方便、快捷的知识获取渠道和全新的学习体验，已经成为网络时代人们学习的首选方式。关于对 MOOC 内涵的剖析，学者们从教育模式构建、课程形成过程和创新知识路径等方面展开。王左利（2013）认为，MOOC 通过互联网平台将世界各地的学习者和世界名校联系起来，是一种大规模开放免费协作的学习模式。MOOC 给全世界的学习者免费提供课程视频和教学资料，又通过信息技术帮助学习者进行交互、开展讨论，以学习兴趣和学习目标为驱动力，将全世界学习者组织起来并开展学习（王永固，2014；王左利，2013）。王迎（2014）认为，MOOC 是一种在互联网上实施教学全过程的新型教育形式，通过开放的教育资源和免费的学习服务满足世界上更多人的学习需求。李明华（2013）认为，MOOC 给现有的教育理念、教育模式、教学方式带来巨大影响，它不仅是教育技术的革命，更是教育模式的变革，它必将推动高等教育的变革与创新。王斌（2013）认为，MOOC 既是传播知识的平台，又是创造知识的发动机，它激励学习者共建课程、创新知识和探究科学，能激发学习者的灵感。李纪元（2013）认为，MOOC 为人类智慧生成和知识创新提供了新的路径，世界各地的学习者在 MOOC 上相互交流、相互启发，形成新知识不断涌现的创新源泉。

关于 MOOC 的分类，学者们一般把其分为 cMOOC、xMOOC 和 tMOOC 三种。袁莉（2013）认为，cMOOC 是基于关联主义学习理论的，是建立在非正式情境下的一种学习模式。樊文强（2012）认为，cMOOC 的课程结构与传统的课堂教学不同，它能够让学习者与现实教学环境相融合，让学习者之间进行自由的交流和协作。李青（2012）认为，cMOOC 重视学习者的自主学习能力和协作学习能力的培养，侧重于知识的生成与创新，cMOOC 的学习过程是连续的、不间断的，知识不仅停留在人的思维意识中，还停留于人与人的交际中。王萍（2012）认为，cMOOC 的课程结构是松散的，学习者自主选择内容，自己制订学习计划，干涉因素极少。韩锡斌（2013）认为，在 cMOOC 的学习过程中，学习者自主地开展多种学习活动，自由地讨论和合作探究，自主学习能力得到极大提升。王颖（2013）认为，xMOOC 是以行为主义学习理论和认知主义学习理论为基础的在线课程，它强调知识的传播，侧重于学习者对课程内容的获取和掌握。郑志高（2014）认为，xMOOC 课程结构化程度高，课程内容以视频讲授为主，是传统课堂教学模式的延伸。孟亚玲（2016）认为，xMOOC 通过观看课程视频和在线交流，实现了线上与线下学习的融合。王志军（2014）认为，xMOOC 的核心思想是独立自主学习知识，但却忽略了人类学习风格的个性化和复杂性。王永固（2013）和姚媛（2013）认为，tMOOC 的理论基础来源于建构主义学习理论，强调学习知识的过程是学习者内心、意义的建构，虽然 tMOOC 不注重课程结构紧密性，但学习目标明确，课程设计以任务为中心，注重对知识的深度挖掘和理解。杨九民（2013）认为，tMOOC 支持学习者自行安排学习计划和学习进度，鼓励学习者对学习过程的自我监督，在平台上，学习者可以自己创建学习空间，可以和学习同伴开展在线讨论或小组协作学习。牛少男（2013）认为，tMOOC 强调学习者对知识学习的主观能动性，是学习者培养自主学习和主动学习能力的有效途径。

毋庸置疑，MOOC 对高等教育的影响是极其深远的，大学现有的部分功能会被 MOOC 取代，互联网会成为知识生成和传播的新途径（Mackness J，2013）。焦建利（2012）认为，MOOC 有利于提高大学服务社会的能力，有利于扩展大学与政府的合作范围，也有利于提升大学与企业之间的协同创新水平，大学教育的改革主要集中在教育模式和教学方法的改变上。李明华（2013）认为，以MOOC为代表的课程市场侵占了以大学为代表的学历市场，MOOC将挑战大学现有的地位与功能，大学会逐步走向消亡。杨刚（2018）认为，MOOC依托互联网和信息技术，将全球的专家、学者、名校和教育机构提供的优质教学资料汇集成一个知识库，使高等教育资源得到最大化的丰富和利用。黄健青（2015）认为，MOOC通过互联网把世界名校的课程集中起来展现在学习者面前，所有的学习资源可以再度重组，加速了知识的创新，高等教育必将进入一个全新阶段。刘杨（2013）认为，MOOC促使了高校教师角色的转变，由原来的学习的主导者转变为学习的辅导者和知识的梳理者，教师的教学方法和教育手段在MOOC的影响下也将发生改变。马金钟（2014）认为，MOOC的真正价值在于开放，内容的开放是优质教育资源共享的基础，开放打破了大学的界限，给大学带来新的危机与挑战。汪瑞林（2014）认为，MOOC改变了传统学习方式和学习观念，现在的学生更愿意在网上查阅资料，开展学习活动，这是高等教育必须面对和关注的问题。姜蔺（2013）认为，MOOC促进了高等教育教学改革的进程，开放性的MOOC课程结构培养了学生的学习自主性和创造性，有利于多元化、复合型人才培养目标的实现。余善云（2012）认为，MOOC的学习内容更加灵活、高效，MOOC的交互工具有助于师生之间的交流，MOOC会让大学课堂变得更加生动有趣。刘佳慧（2017）认为，MOOC的推广与应用有利于高等教育国际化的进程，据其统计，截至2016年12月，在Coursera平台上注册的学习者已有1000多万人，遍布全世界150多个国家和地区。张胜利（2011）认为，MOOC 的免费与开放能使更多的人接受高等教育，特别是对于那些地处贫困和偏远的人群来说意义更大。

关于国内对 MOOC 的应用研究，主要集中在中国大学 MOOC 和爱课程在线等平台的建设上。袁松鹤（2014）认为，自主推进和合作共享是 MOOC 在实践中表现出的重要特性，也是 MOOC 本土化发展的重要方向。顾小清（2005）认为，上海高教中心与 EWUCC 的课程联盟已经具备了 MOOC 的特征，中国发展本土化 MOOC 有助于教育信息化工作的顺利进行。汪琼（2013）认为，随着 MOOC 技术的发展，友好的个人在线学习环境会不断完善，MOOC 能够帮助学习者迅速找到需要学习的内容，学习会变得高效而有趣，随着 MOOC 的不断丰富和完善，现有的高等教育体系有可能被取代。徐辉富（2013）认为，上海高校课程共享中心的建立，代表了中国本土化 MOOC 的建设水平。齐振国（2009）认为，目前国内绝大多数学习管理系统功能单一，仅提供课程内容的单向浏览和访问，不能支持学习互动。余亮（2013）认为，国内 MOOC 平台的建设要参考 TAM3 模型，学习行为影响因素模型的构建是 MOOC 平台建设的重点内容。李曼丽（2013）在研究学堂在线功能和特点的基础上，运用 Tobit 和 Logit 两个定量模型，测定了影响课程学习效果的关键因素。唐阿涛（2019）对 MOOC 数据中的学习者进行分类，并分析了学习者的学习行为与特征，并以此为基础进行学习效果评价，取得了关键数据。

MOOC 虽有很多优点，但国内学者对其的质疑和反思也从未停止。韩锡斌（2014）认为，要冷静看待 MOOC 热潮，要重新思考高等教育应如何更好地利用互联网和信息技术。程建钢（2008）认为，国内MOOC建设不应该模仿国外的MOOC模式和商业运行机制，照搬的结果可能会适得其反，甚至会丧失在线教育发展的大好时机。王左利（2013）认为，MOOC的教育理念拥有西方价值观背景，不能完全适合中国的国情和本土化需求，不能全盘接受，要慎重对待，避免一系列矛盾的发生。桑新民（2013）理智冷静地分析了MOOC的缺点与不足，并对MOOC的本质进行了解读。姜强（2016）认为，制约MOOC发展的突出问题是高退课率和低通过率，并对此问题进行了深刻的探讨和研究。汪基德（2014）认为，要正视MOOC发展过程中存在的学习持续性不强、交流互动不足、教学模式单一、学分认证遭质疑等问题。

2. 国外MOOC研究现状

2019年12月，笔者在Google scholar中以“MOOC”和“Massive Open Online Course”为关键词进行英文学术文献检索，共获得关于MOOC的英文学术文献85万条。相关研究主要集中在MOOC概念的阐释、课程设计与应用、技术与开发以及学习行为调查等方面。

MOOC平台有利于众多学习者共同参与学习，其学习过程也是课程的建设过程和优质教育资源的传播过程。莱姆基（Lemke J，2008）认为，MOOC是一种超大的巨型课程，MOOC对学习者没有限制和要求，其开放性有助于教育公平的实现。迈耶（Meyer,2013）认为,MOOC的概念具有不确定性，可能会威胁到未来教育资源的开放。希已（Skiba D J，2012）认为，支持多种学习方式是MOOC课程区别于其他网络教育的主要原因。弗兰卡·格鲁尼沃尔德（Franka G，2013）对2726个MOOC学习者进行了调查，发现MOOC可适应不同学习风格的学习者，其组织问题值得研究。弗雷德（Fred G，2012）认为，MOOC 能够使教师腾出更多的时间和学生进行讨论，从而让学生发现问题、分享知识和拓宽视野。丹雷德尼斯（Daradoumis，2013）认为，MOOC 是实现移动学习的一种有效方法，并展示了 MOOC 和 E-Learning 之间的协同特性。阿拉里奥（Alario H，2013）认为，MOOC 课程上的社交工具能够促进学习者之间的交流和分享。贝朗格（Belanger Y，2013）通过实证研究，全面展现了 MOOC 课程的开发和交互过程。贝基·史密斯（Smith B，2005）认为，MOOC 改变了传统课程的教学评价、教师和学生的角色、教学方法等方面内容。奥斯比尔多·罗德里格兹（Rodrigue O，2013）阐述了 MOOC 的演变过程，并从参与者情况、交互工具、辍学率、资格认定等方面分析了不同的 MOOC 形式。赖希（Reich J，2014）指出，MOOC 的发展应该回归理性，应该重视课程质量、课程完成率和学分认证的诚信度。劳拉·帕帕罗（Pappano L，2012）认为，MOOC 是把学习、娱乐和社交紧密联系在一起，所以倍受欢迎。

1.2.3 关于混合式学习的研究综述

2003 年，在第七届全球华人计算机教育应用大会上，何克抗教授首次阐释了混合式学习的概念，从而拉开了国内学者研究混合式学习的序幕。目前，国内学术界对混合式学习的定义还没有一个统一的、一致性的界定，学者们从不同的角度、不同的层面对混合式学习进行了解读和诠释。

1. 国内混合式学习研究现状

国内学术界对于混合式学习的研究入手较晚，根据文献记载，国内学者对混合式学习的研究和探索开始于2003年，笔者在中国知网（CNKI）数据库中，分别以"混合式学习""混合学习""Blended Learning""Blending Learning"等为关键词进行检索，发现截至2019年12月，与混合式学习相关的学术文献共有7314篇，经进一步检查验证，删除重复和无效内容，得到有效样本5652篇（见图1-2）。其研究重点主要集中在混合式学习的内涵界定、案例研究和平台建设等方面。

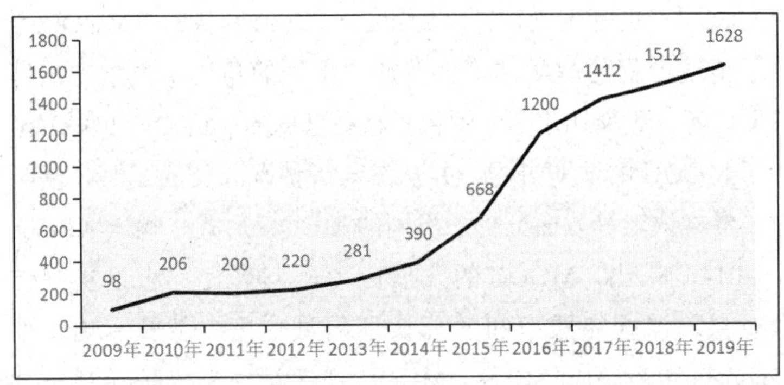

图1-2　国内十一年来与混合式学习相关的文献数量

何克抗（2004）认为，面对面学习方式的优势在于充分发挥了教师在教学过程中的主导作用，E-Learning的优势在于支持学生的自主学习和自我管理，激励学生开拓进取、大胆创新，而混合式学习把二者的优势有机结合了起来。黄荣怀（2009）认为，混合式学习能够改变目前高等教育存在的弊端和不足，并且指出了混合式学习实施的具体步骤和方法。黎加厚（2014）认为，混合式学习的本质是借助信息技术对教学过程中的各类教学要素进行优化，从而以最有效的方式实现教学目标或达到预定的教育目的。李克东（2004）认为，混合式学习是建立在人们对在线学习的反思和重建的基础上，面对面学习的长处恰好弥补了在线学习的短处，二者应该结合起来。李逢庆（2016）认为，混合式学习教学模式的设计与构建要贴近师生、贴近课堂，不能忽视教师对学习的引导和组织作用。罗冬梅（2010）认为，混合式学习的课程设计要注重学生的学习过程和学习感受，并对混合式学习课程设计现状进行了考察和分析。周春红（2011）根据 Moodle 的功能特点和学生的实际需求，构建了基于 Moodle 的混合式学习流程。石小岑（2016）对美国基础教育阶段的混合式学习进行了分析，总结出混合式学习的相关特点、存在的问题以及带给我们的启示等。

通过以上文献可知，国内学者们对于混合式学习的见解不尽相同。笔者认为，混合式学习从浅层次上看，是在线学习方式和面对面学习方式的混合，但在本质和深层次上，混合式学习的内涵却包含着多种学习理论、多种学习方法和多种教学方法，甚至是由混合而导致的深度整合。因此，如果能在教学过程中有效地发挥出在线学习和面对面学习的优势，那么，未来混合式学习的发展前景将是不可估量的。

2. 国外混合式学习研究现状

根据相关文献记载，国外学者对混合式学习的研究起步时间较早，取得的研究成果也较为丰硕。混合式学习的研究是伴随着 E-Learning 的发展而逐步发展起来的，关于 E-Learning 的研究文章最早见于美国 1996 年的《培训杂志》，而关于混合式学习的研究也正是在人们对互联网环境下的在线学习进行研究和反思的情况下提出的。将国外混合式学习研究的相关文献归纳起来，主要包括混合式学习的定义与内涵、混合式学习平台的建设与应用、混合式学习实践报告等方面。帕希特（Parter，2010）认为，混合式学习是面对面学习与在线学习优势的结合，是学习者和教师之间在同一个时间里学习信息的交流和反馈。雷姆（Lira D，2009）认为，混合式学习是为了实现某种特定的教育目标，把在线教育的各种技术进行有机的结合。克里斯滕森（Christensen，2013）认为，混合式学习是将各种教育技术和教学方法有机地结合在一起，目的是实现最佳的学习效果。鲍威尔（Powerll，2015）认为，混合式学习是一种高效的学习模式，它是以项目为中心的学习方式，是各种先进教育技术的结合。格瑞艾姆（Graham，2013）认为，混合式学习是教学过程中各种教学活动的混合，也是各类教育制度的混合。斯托克韦尔（Stockwell，2015）认为，混合式学习通过整合各种学习资源，形成一个以学生为中心的学习环境，目的是激励学习者通过自己的努力找到最佳的学习资源和最好的学习方法。哈维·辛格（Singh，2001）认为，混合式学习重视教学技术的创新，重视与学习风格相匹配和学习习惯的养成。卡萨布（Kassab，2015）认为，运用混合式学习应首要考虑学习目标，而不是知识的传递平台。贝尔辛（Bersin，2016）认为，重视学习者的学习体验是混合式学习的重要特点，还包括支持不同的学习风格及符合师生需求的学习策略。迈耶（Meyer，2013）认为，混合式学习是以学习者为中心的学习方式，其最大特点是满足学习者的学习需求。奥立弗斯（Oliver，2012）认为，混合式学习是在 E-Learning 的基础上发展起来的，它吸取了面对面学习的优势，是在线学习的升级与发展。特里格韦尔（Triggell，2013）认为，混合式学习包含了多种学习理论、不同的教学方法、以学习者为中心的学习环境和先进的教育技术等。哈克（Hoic，2009）认为，混合式学习的教学设计应该从学习者和教师的角度进行，教学管理者要重视学习者的意见。道格（Doug，2013）认为，混合式学习是一种能力，是帮助自己实现预定学习目标的重要手段。韦尔马（Verma，2010）认为，混合式学习能将教学设备、教学工具、多媒体和教材等高效地组织在一起，以最优化的方式实现教学目标。德里斯科尔（Driscoll，2015）认为，混合式学习是多种教学方法的结合，能够调动学习者的积极性，取得最佳的学习效果。迈克尔・霍恩（Michael）和希瑟・斯特克（Hearth）认为，混合式学习模式可以让学生自主控制学习的时间，为学生提供一种全新的学习体验（迈克尔・霍恩，2015）。帕帕罗（Pappano，2015）从学生的角度来研究混合式学习，他对学生进行了问卷调查，结果显示，学生喜欢在线学习的灵活性与便利性，并给予混合式学习很高的评价，他们认为混合式学习能够帮助自己实现个性化学习和自主学习的目标，是一种受欢迎的新方式。拉弗朗斯（Lafrance，2015）等对美国一些开展混合式学习的学校进行研究，结果表明，混合式学习促使教师和学生有更多的创造性和主动性，有助于课程学习。他通过使用邮件调查和开放式的问题，从教育管理者的视角研究调查了加利福尼亚公立学校里在线学习和混合式学习的现状，得出混合式学习的学习效率和学习质量明显优于在线学习的结论。勒温（Lewen，2012）长期关注混合式学习的应用和效果评价研究，他选择 86 名学生开展学习实验，实验结果表明，采用混合式学习方式的学生成绩要明显好于采用在线学习方式的学生。在混合式学习教学实验中，有 75% 的教师对教学效果感到满意，有 66% 的教师希望将来继续采用混合式学习。吉安诺西（Gisnnoudiz，2014）调查了希腊大学的学生，其结果显示，有 64% 的学生愿意接受混合式学习的授课方式和教育模式。

国外一些教育机构对混合式学习的发展十分重视，并投入了大量的研究人员和资金以开展相关的研究工作。2011 年，K-12 在线学习协会发布了《K-12 混合式学习的崛起》的研究报告，报告详细分析了混合式学习的定义、模式、规划和趋势，同时还有针对性地分析了 40 个混合式学习的案例；2013 年，克莱顿·克里斯坦森学院（Clayton Christensen College）发文指出，混合式学习能够帮助更多的人开展有效学习，对未来课堂的影响极其深远。2014 年，常青教育集团发布了年度报告，报告指出混合式学习为个性化学习提供了资源和工具，是实现个性化学习的有效途径。2015 年，K-12 在线学习协会发布了《混合式学习：在线和面对面教育的进化（2008 — 2015）》，报告指出，很多国家和地区认识到混合式学习能够有效改变教育系统的潜力，也能为教师积极使用优质教育资源提供良好的平台和机会。

1.2.4 文献评述

国内外学者对“互联网 +”、MOOC 和混合式学习的研究主要集中在互联网对教育的影响、MOOC 的定义与内涵界定、MOOC 给高等教育带来的机遇与挑战、混合式学习的理论分析、混合式学习的应用与实践等方面，研究成果丰硕，特别是学者们采用了不同的研究方法，选取了不同的研究视角，这些研究成果和宝贵经验从理论与实践两个方面为本书的研究工作提供了借鉴，值得笔者认真学习和研究。但也有不足之处，总结如下：

（1）对混合式学习理论基础的研究还有待深入。从目前的研究可以发现，混合式学习理论是由多种学习理论混合而成的，例如联通主义学习理论、建构主义学习理论、认知主义学习理论、人本主义学习理论和教育传播理论等。毋庸置疑，混合式学习理论是多种理论精华的集中与融合，是学习理论的集体升华。但是，多种学习理论是如何融为一体，从而扩展、创新成一种新的学习理论，其中的机理和规律值得深入研究。

（2）关于混合式学习的实证研究还不够充分，需要进一步夯实和加强。混合式学习的教育目标是培养学生的个性化学习、自主学习和探究学习能力，从而实现全面发展。学生是教育的真正需求者，但是现有关于混合式学习的研究站在国家、学校和管理者角度的居多，而站在一线教师和学生角度的很少。因此，从学生的实际需求出发，通过严谨缜密的实证研究，了解混合式学习的应用效果、影响因素，进而分析和改进混合式学习在实际教育教学中存在的不足，成为亟待解决的关键问题。

（3）涉及混合式学习平台设计与开发的研究较少。目前，各种 MOOC 在线学习平台存在的问题很多，虽然很多学者指出了其课程完成率低、同质化严重、缺乏学习体验等诸多问题，但是针对这些问题，提出重新建设或构建混合式在线学习平台的却很少，能够在这方面有所建树的往往由于经费问题停留在纸面的设计上。所以说，混合式学习平台的设计与开发关系到混合式学习的推广与应用，对教育信息化工作的改革与创新至关重要。

（4）混合式学习的评价方法还有待创新。在互联网时代，人类的学习方式和教育模式在信息技术的影响下发生了翻天覆地的变化，较之以往，人们的学习资源更加丰富，学习条件更加智能，学习环境也更加复杂。因此，学习评价也需要有新的思路和技术创新。本书将根据我国高校课程教学的实际目标，综合考虑大学生的学习风格和特点，设计和构建能够反映学习者学习过程、学习风格、学习状态、学习成绩等诸多因素的评价指标和评价方法，对混合式学习效果进行更为科学、有效的评价。

综上所述，本书将根据以上不足，对相应的研究内容、理论范式和技术体系展开研究。

1.3 研究目标和内容

1.3.1 研究目标

本书是在互联网及信息技术对高等教育影响日益加深的背景下，研究混合式学习的内涵与理论基础，并对我国十所普通高校的大学生开展关于混合式学习的问卷调查和访谈，分析影响混合式学习接受度的关键因素；从混合式学习平台设计与实践的角度，探索混合式学习的实现路径和具体措施；从理论和实证两个方面构建混合式学习效果评价体系，并开展混合式学习相关评价工作，为我国高等教育教学改革与创新提供有益的参考。

1.3.2 研究内容

本书着重研究“互联网 +”背景下混合式学习的建构模式，探索互联网时代我国高等教育存在的问题及改革方向。综合运用管理学、教育学、教育经济学、教育技术学、信息技术等理论与方法，研究 MOOC 对高等教育的影响，分析界定混合式学习的定义与内涵；通过对十所高校的大学生的问卷调查和对四所高校的教师和教育工作者的访谈，了解大学生对混合式学习的态度与认知、希望与评价；从学习者的角度，研究和分析影响混合式学习接受度的关键因素，探讨混合式学习平台的设计思路与实现路径，并开展混合式学习的相关实验；构建科学、完整的混合式学习评价指标和体系，探究混合式学习的评价方法并开展具体的评价工作。具体研究内容如下：

（1）混合式学习概念的界定及其理论基础研究。混合式学习是以学习者为中心的全新教育范式，是MOOC的改进与提升。在研究MOOC对高等教育深刻影响的基础上，进一步分析界定混合式学习的概念与内涵。截至目前，国内外学术界对混合式学习还没有一个科学和明确的定义，通常把传统课堂的面对面学习和在线学习的简单组合理解为混合式学习，这样的概念界定明显粗糙，不能科学地指明混合式学习的特征，也无法展现混合式学习的真正内涵。本书拟通过文献综述、综合分析等研究方法，对混合式学习的概念与内涵进行全新界定。混合式学习理论包含了联通主义学习理论、建构主义学习理论、认知主义学习理论、人本主义学习理论、教育技术理论等多种学习理论，它不是以某一个学习理论为基础的，而是多种学习理论的混合。这种混合不是简单的叠加，而是在混合中创新，是在互联网和信息技术支持下的多种学习理论的集中与融合，是学习理论的集体升华，是一种扩展性创新。它的价值在于不断地探索如何在更复杂的环境下提供更优化的解决方案，把不同学习方式的优点结合在一起，进而在教学实践中不断完善、总结和提升。

（2）对我国10所普通高校混合式学习的开展情况进行问

卷调查和访谈，旨在了解我国普通高校大学生对混合式学习的使用频率、认知程度、态度偏好和评价建议等，并从中探寻我国普通高校混合式学习的影响因素、实现路径与评价方法。采用统计方法对问卷调查选取的10所高校的调查数据进行分析研究。通过对四所高校教师和教育工作者的访谈，了解教师对混合式学习的评价与建议，为混合式学习的研究收集素材和资料。

（3）从学习者的角度，研究和分析影响混合式学习接受度的关键因素。通过建立混合式学习接受度模型，验证感知易用性、感知有用性、学习氛围、交互行为等影响因素与学习接受度之间的关系；把学习背景作为调节变量引入影响因素，利用结构方程模型，分析测算学习背景对感知易用性、感知有用性、学习气氛和交互行为之间的调节作用；采用因子分析法，对混合式学习影响因素进行测定，确定混合式学习接受度的关键影响因素及其影响作用。

（4）混合式学习平台的设计与构建。根据在校大学生的学习特点、学习需求、学习风格和学习意愿，结合 MOOC 平台的优势和技术特点，提出混合式学习平台的设计思路。介绍和展示创新型混合式学习平台的技术特点和特色功能；依托混合式学习平台进行混合式学习教学设计，并开展教学实验，通过对实验课程教学过程的分析，探讨在教育资源和学时有限的情况下，如何在教学实践中科学合理地分配面对面学习和在线学习各自所占的比重和时间，并探索混合式学习在高校教学中的运行规律和存在的问题。

（5）混合式学习的效果评价研究。混合式学习教学活动的参与主体和传统课堂教学相同，包括教师、学生和学校管理部门，因此，其评价主体必然是教师、学生和学校管理部门。根据评价主体的不同，混合式学习效果评价一般包括教师评价、学生评价和学校综合评价三个方面。传统课堂面对面学习的效果评价往往以学生成绩作为学习效果的主要评价指标，缺乏学生学习过程的评价和学习感受的反映，因此不能全面反映学生的真实水平和能力。在混合式学习评价过程中，评价指标的遴选是全程化、多元化和综合化的，不但包括传统的考试成绩，还包括学习过程评价、小组协作学习评价、学习作品评价，以及学习态度等能够反映学习者学习积极性、主动性的评价内容。混合式学习的评价方法也是多样化的，一般包括跟踪学习记录、学习数据分析、考试与测评、电子档案、各种测试量表评定等。传统面对面学习评价通常在教学过程结束之后进行，教学过程中的动态评价往往被忽视；在混合式学习评价中，不仅重视教学过程后的评价，而且更重视学习过程的动态评价，要求将学习评价融入整个教学过程当中，使学习评价与日常教学活动同步进行。

1.4 研究方法和技术路线

1.4.1 研究方法

近年来，国内外学者经常使用规范分析法和实证分析法研究教育领域的问题，并取得了丰硕的成果。鉴于此，本书拟通过规范分析法和实证分析法的运用，对混合式学习的构建模式开展研究，探索我国高等教育改革的新方向。

1. 规范分析法

本研究通过探讨 MOOC 的特点以及对我国高等教育的影响，分析传统课堂学习方式和以 MOOC 为核心的在线学习方式在学习效率和教学效果方面存在的问题，以管理学、教育学、教育技术学和教育经济学理论为基础，界定混合式学习的概念与内涵，对混合式学习理论基础的形成过程进行可行性分析，探索和研究混合式学习的实现路径。

2. 实证分析法

能过对十所高校问卷调查获取的数据，分析大学生对混合式学习的实际需求，从教学设计（教师对学习方式的采纳）、学习态度（学习者的主观能动性）和学习效果（学习满意度和学习成绩）的角度，运用教育学、统计学理论，通过结构方程模型、德尔菲法、层次分析法、学习倾向测试量表等方法，定性与定量相结合地分析混合式学习的影响因素和效果评价。

1.4.2 研究技术路线

（1）第 1 章提出混合式学习的研究目的和意义，通过分析国内外关于 MOOC 和混合式学习的研究方法和经验，确定了本书研究工作的技术路线。

（2）第 2 章在分析 MOOC 对高等教育产生深刻影响的基础上，分析界定了混合式学习的概念与内涵，并通过定性研究着重分析和探讨混合式学习的理论基础。

（3）第 3 章对 10 所普通高校大学生混合式学习开展情况进行问卷调查，旨在了解我国普通高校大学生对混合式学习的态度与认知、评价与希望，以及在开展混合式学习过程中存在的主要问题和改进方向。

（4）第 4 章从学习者的角度，运用结构方程模型研究和分析影响混合式学习接受度的关键因素，探讨了学习背景作为调节变量的影响作用。

（5）第 5 章提出了混合式学习平台的设计思路，展示了创新型混合式学习平台的技术特点和特色功能；研究混合式学习教学设计，开展相关教学实验。

（6）第 6 章引入 AHP 层次分析法构建混合式学习评价指标与模型，并对混合式学习效果进行科学评价。

（7）第 7 章对本书的研究内容进行总结，并指出研究的不足和未来展望。

具体研究技术路线如图 1-3 所示。

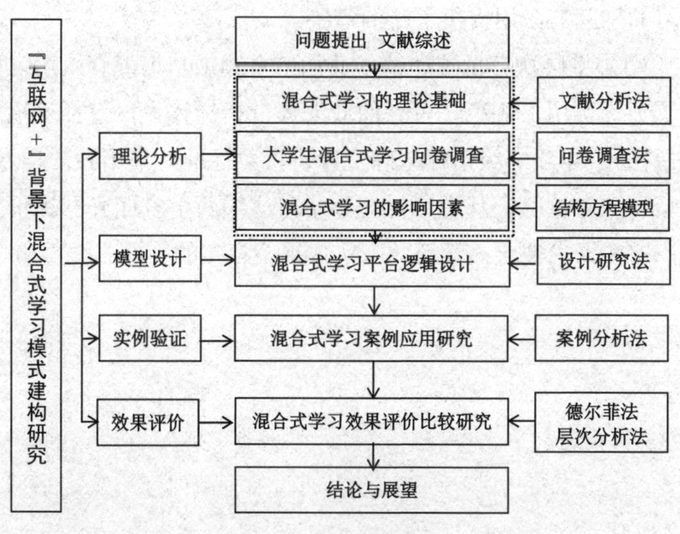

图 1-3　研究技术路线

1.5 研究的特色与创新

本书在研究内容和研究方法上，有以下创新：

（1）界定了“互联网＋”背景下混合式学习的概念与内涵，从发展观视角分析了混合式学习理论的形成过程和扩展性特点。

（2）把学习背景作为接受度的调节变量，引入到混合式学习影响因素的研究中。通过结构方程模型，分析测定了感知易用性、感知有用性、学习气氛和交互行为对混合式学习接受度的影响，以及学习背景的调节作用。

（3）在对10所普通高校混合式学习问卷调查和混合式学习影响因素研究的基础上，根据大学生的学习特点和学习需求，构建了混合式学习平台的两种设计思路，展示了创新型混合式学习平台的技术特点和特色功能，为我国普通高校混合式学习的推广与应用提供了新的借鉴。

（4）将层次分析法和德尔菲法结合起来，为混合式学习构建了一套实用、规范、可行的效果评价指标体系，包括4项一级指标和14项二级指标。确定评价指数标准，采用独立样本 t 检验和卡方检验，从学习过程和学习成绩两个方面开展评价工作，旨在探求混合式学习的真实效果及存在的问题。

第 2 章　混合式学习的理论基础

混合式学习从浅层次上理解，是传统面对面学习方式和以 MOOC 为核心的在线学习方式的有机结合。从深层次上看，混合式学习是多种学习理论的融合，以及基于信息技术对教育教学的革命性影响形成的多样化、综合性学习模式，它是 MOOC 的升级与优化。因此，研究“互联网 +”背景下的混合式学习，首先要研究 MOOC 的发展历程、特点以及对高等教育的影响与启示，只有全面了解 MOOC 的发展历程及其为高等教育带来的影响，才能更好地开展对混合式学习的内涵、理论基础和基本特性的研究。

2.1 MOOC 的由来及其发展历程

MOOC 一般将其翻译为大规模开放在线课程，也有人将其译为“慕课”。MOOC 不是突然出现的一项科技发明，而是经历了一个长期积淀的过程。MOOC 最早可追溯到 20 世纪 60 年代，美国有“鼠标之父”之称的道格拉斯 · 恩格尔巴特（Douglas Engelbart）提出了希望计算机技术能够改变现有教育系统的计划，该计划作为人类学习的一项重大变革一直在困难中探索，直到 2007 年出现转机（Lorenz，2008）。2007 年，美国学者戴维·维利（David Weley）基于 WiKi 开发了一门课程——"开放教育导论"（Introduction to Open Education），该课程利用互联网向全世界的学习者授课，同时世界各地的学习者又为这门课程提供大量的资料和内容。也就是说，世界各地的学习者在学习这门课程的同时又成为这门课程的建设者。戴维·维利"开放教育导论"的成功得益于成熟的 WiKi 技术平台，其共建共享功能使"开放教育导论"具备了 MOOC 的雏形（Viswanath，2010；Lemke，2008）。

2008 年，加拿大斯蒂芬·党斯（Stephen Downes）和乔治·西蒙斯（George Siemens）借鉴戴维·维利"开放教育导论"的经验，共同开设了"连通主义与联结知识"课程。这门课程成功地运用了联通主义学习理论，支持大规模在线学习，同时也采用了学习者共同建设课程的办法，兼容并蓄，吸引了全世界大量学习者参与，成为世界上第一门 MOOC 课程。此后，世界上诸多名校都纷纷加入这股 MOOC 浪潮。

2011 年，有"谷歌无人车之父"之称的塞巴斯蒂安·特龙（Sebastian Thrun）和斯坦福大学教授彼得·诺维格（Peter Norvig）联合开设了"人工智能导论"，该课程吸引了全世界 16 万人注册学习（Talbert，2014）。16 万人在同一时间不同地点上同一门课程，不仅是人类学习史上的一大奇迹，更是前景无限的商业机会。大卫·史蒂芬斯（David Stavens）和迈克尔·索科尔斯基（Michael Sokolsky）迅速抓住了其中的商机，和塞巴斯蒂安·特龙与彼得·诺维格合作，推出了以营利为目的的 MOOC 平台 Udacity（Dawson，2015）。2012 年，哈佛大学与麻省理工学院合作组建了 edX 平台（Breslow，2013）；同年，斯坦福大学教授吴恩达（Andrew）和达芙妮·科勒

（Daphne koller）共同创办了 Coursera 平台（达芙妮·科勒，2013）。至此，MOOC 三大平台已完全建成，成为 MOOC 掀起全球高等教育风暴的急先锋，Udacity、edX 和 Coursera 被人们称作 MOOC 的“三驾马车”。《纽约时报》也发出了赞叹之声，把 2012 年称为“MOOC 元年”（Lewint，2012）。2013 年，MOOC 在全球遍地开花。除了 Udacity、edX 和 Coursera 三大平台外，欧洲的 OpenupED、英国的 Futurelearn、德国的 Iversity、澳大利亚的 Open2study、日本的 Gacco、巴西的 Veduca、专注于程序设计的 Codecademy 及主张人人能授课的 Udemy 等 MOOC 平台纷纷涌现，MOOC 迎来了黄金发展期。

我国教育主管部门和知名学府主动出击、积极应对挑战。一方面，利用世界上先进的 MOOC 平台推广中国文化和自己的优秀课程；另一方面，积极组建自己的在线开放课程平台。MOOC 井喷式的发展，引发了全球高等教育界的关注和热议。2013 年，斯坦福大学校长将 MOOC 比喻为“数字化海啸”，认为随着 MOOC 的推广和使用，传统大学将会全部消失（Skiba，2012）。但是，随着时间的推移，学者们逐渐发现，MOOC 并没有如起初人们预想的那样，对传统教育模式产生摧枯拉朽的力量，反而是 MOOC 的诸多弊端让人们逐渐对其失去了热情。例如，课程学习耗时过多、学习课程前需要预习大量的知识；课程以短视频为呈现载体，形式较为单一；学习交流受到学习规模和技术影响，与课堂面对面学习的交流方式相差太多；同行评价机制不完善、评价效率低下等。MOOC 从 2008 年诞生到现在才 10 余年，但对人类学习方式的影响却是深远的，虽然世界各地的专家学者对 MOOC 的评价褒贬不一，但 MOOC 给现行教育教学带来的影响与变革值得我们认真地分析和研究。

2.2 MOOC 的特点与存在的问题

2.2.1 MOOC 的特点

1. "大规模"是 MOOC 的本质特征

在互联网和信息技术的支持下，MOOC 突破了传统课堂学习的空间限制，可以让几万、几十万甚至上百万的学习者同时学习，只要服务器容量不受限制，上课人数就不受限制，"大规模"学习得以实现。"大规模"使课程价值得到无限放大，几十万人同上一门课，其经济效益超过了世界上最好的大学，这也是 MOOC 具有巨大商业价值的精髓之处（杜世纯，2014）。

2. "开放"是 MOOC 的核心优势

MOOC 始终强调优质学习资源的共享与开放，符合现代教育教学共建与共享的时代特征和基本理念。随着终身学习思想的出现和传播，互联网与优质教育资源结合所产生的在线学习成为人们实现终身学习目标的主渠道，而开放是这一主渠道贯通的关键因素。开放意味着全世界各地的学习者，只要拥有互联网的基础设施和上网条件，就能够获得世界上优质的教育资源。这些优质教育资源不设置任何条件，对所有人开放，不受地理、时空的限制，也不受年龄、肤色、种族、信仰的限制，同时也不像传统课堂学习那样，需要学习者拥有合法的学籍才能够入校进行学习。

3. "个性化"是 MOOC 的第三大特点

在基于 MOOC 的在线学习方式中，学习者可以根据自己的学习风格和学习兴趣选择学习内容，这是 MOOC 个性化学习特点的突出表现。因为在现代教育教学过程中，学习者的知识背景、学习习惯、心理活动规律都存在较大的差异，所以在知识探索过程中，个性化学习发挥的作用越来越重要。促进个性化学习有助于学习者自主学习和探究学习能力的培养，在 MOOC 学习中，学习内容、学习进度、学习时间、学习地点的选择一般都是由学习者自行掌握的，这种学习方式有助于学习者多元化、多层次的学习需求得到满足，这也是 MOOC 能够吸引众多学习者参与的重要原因。

4.“交互”是 MOOC 的重要特性

在互联网和信息技术支持下，MOOC 的交互功能得到有效的发挥。实时交互使 MOOC 具有了类似于传统面对面课堂学习的交流模式，特别是学习者之间的交流，因为不受时间和空间限制，比传统面对面课堂学习的交流更为方便、快捷。在 MOOC 学习中，有的平台提供了自动回答提问、作业自动测评等功能，这种实时交互实现了学习的即时反馈，促使学生积极参与课程学习，增强独立思考能力，从而实现提高学生学习质量和学习效果的教育目的。

2.2.2 MOOC 存在的问题

MOOC 虽然特点突出，但其存在的问题依旧难以改变。

1. 学习者的注册率高，完成率低

2012 年 9 月，edX 发布的“电路与电子学”课程的相关数据显示，在课程发布之初注册学习的学员有 15 万之多，而坚持到最后完成课程学习的不足万人，其退出率高达 94.7%（Yadira A，2015）。同样，在 Cousera 上注册学习“人工智能”课程的学员有 16 万之多，而最后完成课程学习的只有 2 万多人，其退出率为 88.1%（Daniel，2012）。从以上数据可以看出，高注册率、低完成率是 MOOC 的一大弊端，如何提高完成率，保持较好的课程学习进度成为建设好一门 MOOC 面临的难题。现有的 MOOC 一般是由世界名校的知名教授所开设，这就很容易造成广大学习者在名校名教授光环的吸引下盲目注册、跟风学习的现象，由于没有切实把握自己的知识需求，从而导致了高注册率、低完成率的问题。MOOC 面对的不是在校学生，因此也无法约束学习者的学习进度和学习纪律，有始无终的学习态度会从根本上削弱 MOOC 的学习效果。

2. 学习体验缺失

在 MOOC 学习过程中，由于缺少教师的指导和师生之间的交流，学习者很容易对课程失去兴趣，最终导致学习的终止。虽然 MOOC 上的交互工具能够给学习者带来一些互动环节，但由于学习者数量庞大，教师不可能一一回复问题，深度学习无法开展。MOOC 是以观看视频为主要学习模式的在线课程，知识的单向输出方式不利于学生学习能力的培养，也丢弃了教师在教学过程中应该发挥的作用。MOOC 的学习过程是人机之间的机械式交互，因此在探究学习能力和合作学习能力的培养上是缺失的，在学习体验方面无法与面对面学习相比。

3. 学习诚信难保证

与传统的课堂学习相比，MOOC 还不能分辨是否是学习者本人参与的学习、作业是否原创、考试是否抄袭等。没有诚信保证的学习会直接导致学习态度的不端正，是无法实现"立德、树人、开智、增能"的人才培养目标的。学习诚信保证难的问题制约了 MOOC 在高等教育领域的推广和发展。Udacity、edX 和 Coursera 计划要尽快推出有诚信保证的证书服务，并以此作为赢利手段，但这种运营模式的实现前景现在还无法预测。所以，建立完善的 MOOC 诚信保证机制是 MOOC 未来发展的关键所在。

4. 课程标准缺失

目前，MOOC 还没有统一的课程标准体系，因此课程质量参差不齐。虽然 MOOC 学习方式与传统的面对面学习不同，但学习目标和教学任务却是相同的，因此，MOOC 也需要明确清晰的课程标准。MOOC 课程标准的设立不仅需要教育主管部门的顶层设计，也需要提取一线师生的意见和建议。理工科类课程标准不一定适用于人文、艺术等学科的课程，例如，语文考试中的作文还需要人去欣赏和把握，通过“感觉”其文采来判定水平之高低，目前计算机系统还无法给作文打分。MOOC 课程标准与评价体系的设立要因课而异，既不能没有标准任意为之，也不能一刀切，盲目追求形式上的统一。因此，MOOC 课程标准和评价体系建设还需要深入研究。

5.MOOC 的商业模式尚未成熟

MOOC 在诞生之初就被人们认为是极具商业价值的互联网产品，很多风险投资公司为其投入大量资金，希望 MOOC 能早日成为可以持续盈利的商业模式（俞树煌，2013）。但是时至今日，MOOC 的商业模式仍尚未成熟，究其原因，这是由 MOOC 的本质和特性决定的，MOOC 的价值在于免费，盈利点不多，如果将其作为大学预科课程或业务培训课程进行收费，其规模和影响力定将削弱。另外，MOOC 的核心资源是名校名教授讲授的课程，课程专利权属于教授本人还是所在学校，尚无法律上的定论，那么，课程资源的商业运作则更需要长时间的实践。

2.3 MOOC 对高等教育的影响与启示

高等教育人才培养目标是"立德、树人、开智、增能"，这是高等教育工作的出发点，也是高等教育工作的落脚点。21世纪，大学生对互联网的依赖超乎想象，互联网成为大学生学习和生活的"第二空间"。因此，为了真正实现高等教育的培养目标，必须研究互联网给高等教育带来的影响与变化，其中最有代表性的就是 MOOC。MOOC 是一种全新的在线学习方式，它给高等教育带来的影响与启示是近年来教育领域最为聚焦的问题之一。

2.3.1 MOOC 对高等教育的影响

1.MOOC 有助于大学职能的实现

高等院校建设与发展的意义在于大学职能的实现，大学每一项职能的实现都关系到高等教育的发展和社会经济的进步。目前，不断增长的高等教育成本和不断下滑的高等教育质量严重制约了大学职能的实现，MOOC 的到来使这些难题迎刃而解。MOOC 的大规模和开放共享特性，能够使更多的人接受优质教育资源，降低了教育成本和大学的门槛，增强了大学服务社会的功能；MOOC 的交互性和个性化特性，使深度学习和个性化学习成为可能，能有效提高人才培养质量。所以说，MOOC 有助于大学职能的实现。

2.MOOC 有助于高等教育质量的提升

MOOC 具有的开放性、免费和大规模等特点，使更多的人可以学习到名校的课程，获得优质的高等教育资源，极大地促进了高等教育的普及和教育质量的提升。通过 MOOC 平台，学习者可以随时随地地学习课程，也可以反复观看课程视频，根据自己的知识掌握情况开展预习和复习，学习时间更加灵活，有利于培养学生主动学习的能力。同时，MOOC 也有助于高校课程向社会的推广和传播，随着 MOOC 相关法律法规的完善，MOOC 带来的商业收入会让更多的高校教师投入到在线课程的制作和推广中去，课程质量会得到质的飞跃。

3.MOOC 有助于高等教育对象的拓展

MOOC 的开放性使其可以容纳成千上万的学习者同时学习，极大地扩展了高等教育的受教育对象。现在，越来越多的人接受了终身学习的观念，接受高等教育仅仅是人生学习的一个阶段，终身学习才是全面发展的、适应社会需求的必要手段。MOOC 依托互联网和信息技术，拓展了学习者的时间和空间，为终身学习目标的实现提供了可能。MOOC 使优质的教育资源从高校的围墙中走出，让更多的人得到受教育的机会，特别是对于贫困地区的人和弱势群体而言，它能从根本上缩小贫富差距，促进教育公平和人类文明的发展。

4.MOOC 有助于高等教育模式的转变

在现行的高等教育教学模式中，以师生面对面学习为核心的课堂教学依然是占主导地位的教学模式。面对面的学习方式有利于开展深度学习，能够把教师传授知识、组织教学的作用充分发挥出来，但却忽略了学生在整个学习过程中的主体地位。交互性、开放性和自主性是 MOOC 的独有特性，其特性正使传统的高等教育模式发生改变。而在 MOOC 学习方式中，学生成为学习过程中的主体，教师的角色不再是知识的灌输者，而是作为学习的设计者、促进者和心理辅导者出现在学生面前。MOOC 改变了传统课堂的教学方法。传统课堂教学多以教师讲授为主，教学形式较为单一，在 MOOC 学习方式中，课程多以视频、动画为主，还配以图片和声音，依靠互联网的丰富资源，MOOC 的教学形式灵活、手段多样，能有效提高学生的参与度和学习兴趣。MOOC 的交互性不受时间和空间限制，便于深度学习和交流，能够为高等教育模式的创新提供全新平台，学生自主学习能力得到了明显加强。

5.MOOC 有助于高等教育资源的丰富

与传统的课程相比，MOOC 的制作不受学校和学科限制，只要有学习需求，就可以产生一门新的 MOOC，也有的 MOOC 是由世界各地的学习者提供学习资料从而不断丰富成长起来，因此课程内容总量得到增加。开放性是 MOOC 的一大特点，教师或者课程建设者可以随时随地增加知识和课程内容，从而使课程内容得到不断更新，因此，MOOC 的内容要远远多于传统课程的教学内容。MOOC 的开放性特点能把互联网上海量的知识资源运用到课程中，只要课程需要，就可以轻松获取，这极大地丰富了课程内容，拓宽了学生视野，是传统纸质教材无法比拟的。

6. MOOC 有助于加快高等教育国际化进程

MOOC 平台上的学习者来自世界各地，没有民族和国籍上的要求，也没有准入门槛，任何人都可以注册学习，MOOC 的开放性在客观上促进了高等教育的国际化进程。MOOC 上的优质教育资源是开放的，是无条件向全世界的学习者提供的，它的教育理念一定是具有全球化和国际化视野，是为全世界学习者服务的。MOOC 课程采用世界通用语言，一般以英语为主，便于传播和学习。MOOC 把本国文化传播出去，同时也把其他国家和地区的文化带回，加速了国与国之间、地区与地区之间的文化交流，也带动了不同国家学习者之间的交流，促进了高等教育走出国门，走向世界。

2.3.2 MOOC 对高等教育的启示

1. 把 MOOC 纳入大学发展规划中

MOOC 虽然有不足，但其开放的、共建与共享的核心教育理念却是未来高等教育发展的方向。MOOC 平台建设成功与否，决定了大学未来的竞争力强弱。因此，在大学发展规划的制订中，要合理布局 MOOC 的比重，无论是硬件方面的基础设施建设还是软件方面的课程建设，都要为 MOOC 的发展备足资金、留足空间。

2. 鼓励教师开展 MOOC 教学

高校教师应当认真学习 MOOC 平台的特点，尽快掌握 MOOC 的使用方法，早日将 MOOC 引入到课堂教学中。国家精品课程、世界名校视频公开课和中国大学视频公开课都是我国宝贵的高等教育课程资源，高校教师应该将这些开放的教育资源引入到自己的课堂教学实践之中，借助 MOOC 平台和教学模式，提升课堂教学效果和人才培养质量。

3. 引导学生掌握 MOOC 使用方法

要尽快帮助学生掌握在线学习方法。MOOC 的快速发展，使互联网模式下的高等教育成为现实，但是，由于学习环境和学习背景的不同，不是所有学生都能从中受益的。对于学生而言，要想在 MOOC 上取得成功，不仅需要一定的英语基础、熟练的计算机操作技能，还需要一定的 MOOC 使用技巧和方法。高校教师和教育工作者有义务帮助学生掌握 MOOC 的学习方式和方法，不断提高在线学习的效率和质量。

4. 建设有中国特色的 MOOC 平台

继续探索教育模式的创新。将面对面学习和在线学习有机结合形成的混合式学习，既保持了充分利用互联网平台获取丰富、多样学习资源的优势，又吸收传统课堂学习的特点，强化了教师在教学过程中讲解知识、分析疑难和组织讨论的作用，实现了互联网时代“教”与“学”的有机结合。创新现有的 MOOC 模式，早日建成有中国特色的 MOOC 平台，是我国教育信息化工作的新方向。

2.4 混合式学习的提出及其内涵

“混合式学习”一词来源于英语中的“Blended Learning”或“Hybrid Learning”，国内学者一般将其翻译为“混成学习”“融合式学习”“混合学习”“混合式学习”等，本书为方便表述，将其统一称为“混合式学习”。混合式学习是在 E-Learning 的使用和实践中逐步提出的，是互联网与传统教育模式融合的全新范式。

2.4.1 混合式学习的提出

2002 年，混合式学习首次出现在印度 NIIT 公司发表的《混合式学习白皮书》中，NIIT 公司把混合式学习定义为面对面学习、实时的 E-Learning 和自定步调学习相结合的学习方式（Meerrill，2002）。混合式学习一经提出，就引起众多学者和研究机构的关注和兴趣，也有很多人开展了相关的实验和研究，以期对混合式学习的定义进行较为科学的界定。混合式学习最早应用于商业培训，美国培训所（The Training Place）认为，混合式学习的目标是培养员工的交际能力、处理复杂事物的能力、个性化展示能力、小组学习能力，从而实现企业绩效目标（Singh，2001）。美国学者奥雷（Michael Orey）从教学管理者、教师和学生三个视角对混合式学习进行了解释。他认为，混合式学习是一种为实现教学目标而对所有学习资源进行科学组织和优化分配的学习方式，同时还要和学生的学习风格和知识结构相匹配（Projet，2013）。

英国学者辛格（Harvi Singh）和瑞德（Chris Reed）认为，混合式学习包含了多种学习方式，平衡与优化学习成果和学习成本是其根本目的。混合式学习包含五个维度，即面对面学习和在线学习的混合，自定内容的学习和小组协作学习的混合，结构化课程和非结构化课程的混合，深度学习和个性化学习的混合，以及工作和学习的混合（Singh，2001）。当然，混合式学习还包括不同的学习方法、不同的技术和不同的学习环境的混合。美国学者德坦斯科尔（Margaret Driscoll）认为，混合式学习应该是多种学习内容和多种教育技术的混合，包括有共同教学目标的在线教育技术、适应在线学习的教学方法和评价指标、线下师生的交流模式、传统课堂的测评方法和试卷等（Driscoll & Reid，1999）。美国学者霍夫曼（Jennifer Hofmann）认为，混合式学习本质是把教学过程分解为若干模块，然后利用互联网和信息技术进行不断的优化和重组，再以最佳的多媒体形式呈现给学习者，从而提升其学习兴趣和学习质量（Hofmann，2002）。

国内学者对混合式学习的研究开始于 2003 年。何克抗教授认为，面对面学习有利于深度学习的开展和教师的组织教学，在线学习借助互联网平台帮助学生开展自学，激励学生开拓进取、大胆创新，而混合式学习把二者的优势结合起来了（何克抗，2004）。黎加厚教授认为，混合式学习的教学过程就是教学要素优化组合的过程，在混合式学习中，教师和学生只有熟练地运用各种教学技术、教学方法和教学策略，才能实现预定的教学目标（黎加厚，2004）。李克东教授认为，混合式学习的核心思想是用最有效、最快捷的教学方法和教学手段解决问题，实现预定的教学目标，并在教学过程中实现效益最大化（李克东，2004）。在传统的农耕社会，学习的主要方式是口口相传，教育的目的是培养学习者的种植、狩猎等生存技能；到了工业时代，社会经济和科学技术得到空前的发展，人们对教育的要求和期望也在不断提升，出现了按不同年龄段划分年级的学校，出现了按专业类别划分的学科，人才培养目标也越来越趋向专业化、门类化和标准化（约翰·布鲁贝克，1987）。随着互联网时代的到来，信息技术推动了整个社会向数据化、信息化和集约化转型，人才需求变得复杂而多元，学习方式和教育模式也将发生重大变革。互联网时代，知识的生成方式、发展过程、获取手段和传播途径较之以往发生重大改变。知识具有客观性，这就要求人们了解、学习、记忆和掌握；知识具有运动性，即不断地丰富和发展，这就要求人们不断深化对知识的认识。

从浅层次理解，混合式学习是面对面学习和在线学习的结合；从深层次理解，混合式学习是适应互联网时代整个社会转型对人才培养提出的新要求，在教育领域作出的新变革，是应对互联网时代知识不断丰富、变化而产生的一种新的学习方法。

综上所述，笔者认为混合式学习在形式上是传统的课堂面对面学习方式和以 MOOC 为核心的在线学习方式的有机结合，其本质是以学习者为中心的教育范式。混合式学习以目标达成作为教育原则，倡导个性化学习和主动学习，既要充分利用互联网丰富的教育资源和便捷的交互技术，又要全面发挥教师在学习过程中的控制、启发和引导作用，以学生的全面发展为培养目标，以提高学习效率和提升学习质量为目的，全面培养学生的个性化学习和协同合作学习能力。

2.4.2 混合式学习的内涵

一般认为，具有现代意义的面对面课堂学习方式已经有 5 个世纪了，它为人类社会辉煌文明的延续立下汗马功劳，它伴随了人类社会科技和文明发展最为迅猛的 500 年。互联网时代，信息技术和互联互通的网络理念为传统的面对面课堂学习方式注入新的血液，带来新的生机。在过去的很长时间里，面对面的课堂学习和在线学习在很大程度上都是保持独立和分离的，因为它们使用不同的教学媒介和教学方法，并且解决不同学习者的不同需求。传统的面对面式学习需要学习者和教师在相同的时间、相同的地点进行交流并且共享信息，它的特点包括以教师为中心、连续的学习、使用静态的学习资料等。而基于互联网技术的在线学习，学习者和教师不用在同一时间、到达同一地点来交流和交换信息。在互联网环境下，多元化的学习内容、便捷的交互工具、图文并茂的多媒体技术，极大地提升了学习者的学习兴趣。例如，在线学习中的交互式文本、论坛、聊天、维基百科、档案袋、游戏、小测验、评价工具、创作工具以及视频和音频数据等，为学习注入了新的活力。传统的课堂学习，一般以师生面对面的方式而展开。这种学习方式为学生自己动手、亲自参与实践提供了支持，教师对整个学习过程进行组织与监控，起到主导作用，通过面对面的交流能够及时给予学生帮助，这种沉浸式的学习方式有助于良好学习体验的建立。虚拟的在线学习，为学生提供了丰富的学习资源，开放、自由的学习环境，可以让学生制定适合自己学习风格的学习进度，学习自主性将得到充分的发挥，学习热情也空前高涨。混合式学习把这两种并存的学习方式有机地结合起来，在保证良好学习体验的前提下最大限度地提升了学习兴趣和效率。

基于以上分析，我们可以将混合式学习的内涵归纳为：混合式学习是以学习者为中心的教育范式，它以促进学习者的个性化学习和全面发展为目标，它借鉴了 MOOC 的平台技术，融合了面对面学习和在线学习二者的优势，既重视教师主导作用的发挥，又始终坚持学习者是教学活动的中心；混合式学习包含多种教学方法的混合、多种教学设备的混合、多种课程内容与学习资源的混合、多种学习策略与评价方法的混合以及同步学习与异步学习的混合等；混合式学习的核心理念不是混合哪些事物，不是混合了多少事物，而是通过混合使各种教学要素达到最佳的匹配效果，取得最优的教学效益；混合式学习虽然是在面对面学习和在线学习的特长和优势的基础上发展起来的，但不同之处在于混合式学习的学习记录跟踪、学习计划制订、学习方法设计以及学习效果评价等方面特色突出。

1. 学习记录跟踪

混合式学习以目标达成为基本教育原则，其评价方式需要记录学生各个阶段的学习过程作为考核依据，因此，混合式学习充分利用互联网与信息技术为教师考察学生的学习过程提供了便捷、高效、准确的记录和信息。混合式学习实现了学习过程跟踪，所获得的记录和信息有助于教师掌握学生预定学习内容的完成状态，清晰地发现问题所在，为教师的后期教育和干预提供了准确的目标，可以让教育有的放矢，也是考核学习成效的重要参考。学习过程跟踪使个性化学习和私人订制学习的实现成为可能，最重要的是它把学习者的学习动机、学习风格、学习兴趣和知识背景展现无遗，为教师和教育管理者的教育决策和学习干预提供了依据，为学习者个性化学习习惯的养成打造了良好的成长空间。

2. 学习计划制订

在传统的面对面学习方式和以 MOOC 为核心的在线学习方式中，学习计划一般在课程学习前制订，对于学生而言它是静态的、固定的，这种学习计划无法获知学生开展课程学习以后的变化，因此是盲目的、僵化的计划，学习的指导性和规划性缺乏实效。在混合式学习过程中，学习计划的制订是动态的，是教师依据以往经验和互联网或混合式学习平台提供的学习数据进行制定的。移动互联技术可以为教师提供反映学生学习的精准数据，教师可以全面动态地掌握学生的学习状态、学习兴趣和学习要求，因此，学习计划的制订既有针对性，又有实效性，同时学习计划和方案还可以随时调整，培养了学生自主学习和个性化学习的能力，提高了学习效率和学习质量。

3. 学习方法设计

在传统的面对面学习方式中，学习方法的设计是以教师为中心的，一般是以五级为单位，统一采用一种或几种学习方法，如讲授、讨论等，不能做到因人而异、每人一种学习方法。在以 MOOC 为核心的在线学习方式中，学习方法也基本以观看视频、完成测试为主，因为教师无法参与到实际教学中，且学习方法的运用也是较为单一和粗糙的。在混合式学习中，教师利用互联网平台和信息技术，可以为学生提供有针对性的学习辅助工具进行学习方法的设计，可以做到因人而异、人人不同，因为在混合式学习中，教师在教学过程中始终和学生在一起，可以随时利用互联网平台和信息技术为学生设计不同的测试练习、学习资料、调查工具和讨论社区，提高学生掌握知识和技能的能力。

4. 学习效果评价

混合式学习评价把形成性评价和总结性评价融为一体，改变了以往仅仅依靠一张试卷来评价学生学习效果和质量的情形。根据不同的学习任务和学习目标，混合式学习把学习评价融入日常教学过程中，并且关注学习情感和学习态度的考察，借助互联网平台和信息技术的数据统计、即时测评、数据分析等功能，能够及时向教师和学习者反馈学习信息，为教师及时做出教学干预和评价提供了数据，也为学习者的自我调整和评测提供了帮助。

在混合式学习的全过程中，学习过程跟踪、学习计划制订、学习方法设计和学习效果评价四个方面相辅相成、互为补充，形成循环的系统。学习过程跟踪为制订学习计划提供基础数据和信息，学习效果评价贯穿到整个学习过程，并且能够自动记录评价结果和反馈信息，形成一个学习过程环路，为学习内容的选择和学习方法的设计提供参考，这是混合式学习区别于其他学习方式的重要方面。

2.5 混合式学习的理论基础

2.5.1 联通主义学习理论

一直以来，联通主义学习理论认为学习是连接知识点和信息源的过程，而不仅仅是知识内化的过程。联通主义学习理论强调信息的重要性，在互联网时代，大量的新信息以快捷的方式出现在人们面前，促进了知识构成的迅速改变和更迭，知识的发展变化直接导致决策的变化，因此，连接和辨别信息的能力至关重要。联通主义学习理论主张知识的理解、加工、运用和传播都由个人来完成，从而形成风格不同的知识资源，然后再放入知识网络中，供人们使用和学习。联通主义学习理论的核心思想是人在知识形成过程中的作用，若干个人的知识连接成一个知识网络，多个知识网络再连接在一起，形成复杂的知识体系。个人是知识体系的节点，知识资源由数以亿万的节点构成，又反馈到各个节点供个人学习，形成一个联通的网络。混合式学习是以学习者为中心的教育范式，倡导学习者在学习过程中的主体作用，重视个人对于知识的生成方式、发展过程、获取手段和传播途径的作用，倡导个性化学习和自主学习，在这个层面上，混合式学习和联通主义学习理论是一脉相承的。在混合式学习中，学习者的学习状态能够通过互联网平台和信息技术及时反馈给教师和教育管理者，每一个学习者都是整个教学系统中的一个节点，通过节点的动态知识传播来完成整个学习过程，既构建了知识体系，又完成了教学目标。混合式学习始终坚持以任务或项目为学习的中心，区别于传统课堂教学以主题为中心的学习方式。在混合式学习教学过程中，学习者的投入程度与主观能动性紧密联系，学习者的学习动机

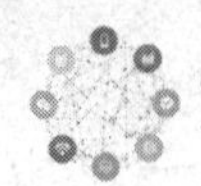

和学习态度决定了最终的学习效果，学习者是混合式学习中的主导因素，这也是联通学习理论的重要思想和意义。

2.5.2 建构主义学习理论

建构主义学习理论认为，知识的获取并不是直接从外界转移到大脑，而是学习者将自己已有的知识运用到外部环境，并在相互作用的基础上通过意义建构而获得的。20 世纪 90 年代以后，随着互联网与信息技术的发展，建构主义学习理论越来越引起人们的重视。建构主义学习理论认为知识是动态的，知识不是通过教师的直接传授得到的，而是借助于一定的情境，通过意义建构而主动获得的。这与混合式学习所倡导的在学习过程中要充分利用互联网资源，通过在线学习实现自主学习的理念是一致的（杜世纯，2016）。

互联网给人类学习带来的影响重大而深远，互联网给人类学习情境带来的变化也愈加丰富多彩。互联网时代，知识以核聚变方式呈现在人们面前，人们可以足不出户地浏览人类有史以来的所有文明成果，知识的获取迅速而便捷。在互联网的影响下，学习方式不可能是一成不变的面对面的讲授，一种全新的网上协作学习模式应运而生，如在 MOOC 的学习中，学习者可以根据自己的学习状态，反复观看课程视频，自己制订学习计划和学习进度，或者通过网络教学平台随时随地与学习同伴开展协作学习，与远在万里的学习者共享学习心得和成果。互联网创造的学习情境，与学习者已有的知识结构、求知欲望融合在一起，构建起对现实世界的全新认识。混合式学习借助了互联网创造的全新学习情境，学生不再是在教师的统一引导下完成整个学习过程，而是在教师的协助下，通过在线学习和课堂上的面对面学习获取知识，完成对知识的整个认知过程。

混合式学习倡导自我学习能力和探究学习能力的培养，能够利用互联网平台和信息技术充分发挥教师在教学过程中的主导地位，关注学习者学习的全过程，这与建构主义学习理论的思想是相通的。其思想是学习者的学习效果和学习质量取决于学习者已有知识结构和自身的学习经验，一味地死记硬背只会浪费时间。而在混合式学习中，学习过程始终以学生为中心，学生在教师的指导辅助下，根据自身已有的知识结构和学习经验，通过课堂面对面学习和以 MOOC 为核心的在线学习去选择知识、理解知识并构建新的知识，而不是单纯的记忆和背诵知识，从而从根本上实现自主学习和个性化学习，使学习成为学习者内心、意义的建构。建构主义学习理论强调以学生为中心的学习，但在教学过程中，也充分肯定了教师的主导作用，这和混合式学习的理念是一致的。

在混合式学习中，教师的引导、辅助作用包括对课程内容的讲解和对学生的启发，还包括学习过程跟踪、学习计划制订、学习方法设计和学习效果评价等方面。因此，建构主义学习理论是混合式学习的重要理论基础，其核心、思想一脉相承。

2.5.3 认知主义学习理论

认知主义学习理论认为，学习是学习者心中的问题经过思考后形成新认识的过程（爱德华·桑代克，2010）。认知主义学习理论强调认知过程的重要性，认为意识是刺激、反应之间的联系中介，学习者的内心、感受和思维意识决定了最后的学习效果。认知主义学习理论将学习看作是知识获得的过程，学习环境对学习者内心的刺激影响了学习者的学习感受和学习质量。认知主义学习理论关注学习者的学习风格和学习过程中的心理变化，因此，在教学内容的选择和教学过程的组织上会优先考虑学习者的原有知识结构和心理特点，教学设计偏重于个性化学习习惯的养成，重视自我学习能力的培养，目的在于提升学习者的学习积极性，鼓励学习者在学习过程中形成稳定的学习风格，充分发挥学习者的积极性和主动性，实现预定的教学目标。

混合式学习强调以学习者为中心的教学设计，开展个性化学习活动，通过学习过程的跟踪记录发现学习者的学习风格和学习特点，以培养学习者的自我学习能力，实现全面发展的培养目标。混合式学习理论和认知主义学习理论的思想是一致的，混合式学习强调由以教师为中心的学习向以学生为中心的学习转变，跟踪记录学习者在学习过程中动态的心理变化和学习感受，并将取得的数据用于学习效果评价和学习计划制订，是教师和教育工作者教育干预的重要参考，这是认知主义学习理论在互联网时代的新发展和新应用，也是混合式学习的重要特色。混合式学习主张既要发挥好教师在教学过程中的知识引导、过程监控作用，又要以学生为认知主体，关心学生的学习感受和情感变化。认知主义学习理论重视教师在学习中的主导作用，强调知识的传授和迁移，混合式学习有利于教师主导作用的发挥，有利于按照教学目标来组织教学。

2.5.4 人本主义学习理论

关注学习者的内心感受和心理变化，认为学习是学习者个人的内心成长过程，这是人本主义学习理论的核心观点。教育的目的是促进学习者的个性化发展和健康身心的养成。人本主义学习理论强调，从自我价值实现的角度来认识学习，要激发学习者的潜能，鼓励学习者根据自己的知识结构和认知经验进行学习，从而重构自我。人本主义学习理论的核心思想是让学习者在优质的学习环境下，通过学习来认识世界，并且在学习过程中，要尊重自己的内心、感受（顾明远，2012）。人本主义学习理论主张以学习者为中心的学习，在促进学生全面发展的同时，看到学生的个性化差异，让学生在学习的过程中获得知识、技能以及情感方面的发展，充分挖掘自身发展的各种可能性与潜力。人本主义学习理论指出，教学的根本目的在于促进人的全面发展，而混合式学习中的教师和学生也在为这一目标而努力。人本主义学习理论认为，学习过程中应该关注每个学生的心理状态，提升学习满意度和幸福感，提高学习热情和学习的积极性，给学生充分的学习自由，让每一个学生都有机会在学习中实现自我。在混合式学习环境中，丰富的学习资源和信息技术为学生提供了一个良好的学习平台，学习资源不再局限于书本，还包括各类网络视频、音频等不同格式的学习资源，这使得学习变得更具趣味性，从这方面来看，学习者的学习热情、学习动机和积极性都被调动了起来。

在混合式学习中，除了丰富的课程资源之外，各类网络软件和社交工具的不断发展和不断更新，也为混合式学习中的各类互动和知识的共享创造了更多的可能性。教师能够充分利用混合式学习的环境优势，与学生达到真正的心灵上的沟通与对话，获得教学反馈，从而不断地反思，不断地改进自己的教学，为学生提供适度的指导，在促进学生全面发展的同时，也能够帮助教师获得专业和教学工作上的进步，让混合式学习充分体现人本主义学习理论的观点：教师要积极地引导学生的学习，让学习者能够充分地展现出自己的个性和天赋。

2.5.5 教育技术理论

教育技术是现代教育的一个重要概念，指的是在教育教学过程中，利用各种技术手段，对学习资料、课程内容、课程设计、教学实施和学习干预等教学活动进行设计、利用、管理和评价的理论与实践。混合式学习是将互联网信息技术、交互技术、移动互联技术等先进技术渗透在整个教育教学过程中，没有教育技术的支持，混合式学习是无法开展的。在混合式学习的实施过程中，信息技术、交互技术和移动互联技术的发展都为教育信息和教育知识的生成、发展、使用和传播创造了条件。

不同的教育信息会以不同的方式和路径在教育领域中传播，教育技术理论中的“媒体是人体的延伸”理论指出了传播媒介在教育领域中的重要性（丁兴富，2001）。混合式学习要求能够在最适当的时候为学习者提供最适当的教育，而这需要教师和学生掌握不同的学习媒介和教育技术，能够根据自身学习需求和不同媒体的特征做出最适合自己的选择，这也引出了一些问题，那就是如何从这些不同的学习媒介和教育技术中做出正确的选择。教育技术理论中的“媒体选择定律”能够指导混合式学习选择正确的学习媒介和教育技术，能够将教育媒体的效能与成本结合起来，在保证教育效果的前提下尽可能地降低成本，这在一定程度上体现了混合式学习的优势，能有效降低接受教育的费用，提高了学习效率。

2.6 混合式学习的基本特征

一般认为，混合式学习是指在传统的课堂学习中，除了师生面对面进行学习和交流外，还结合其他教学工具，例如借助互联网、多媒体、投影仪等来辅助教学的学习方式。但本书研究的混合式学习却是一个全新的概念，它是基于以 MOOC 为核心的在线学习而提出的，是对 MOOC 的完善和改进，是传统面对面学习和在线学习的融合。混合式学习不仅仅是教育技术的提升，更是互联网时代高等教育教学方法、教学理念的创新，是以学习者为中心的全新教育范式。

2.6.1 以学习者为中心

混合式学习的开展都是以学生为中心的，改变了传统课堂教学以教师为中心的教育模式。在混合式学习中，教师改变了原有的教学策略和角色定位，逐步成为学生自主学习、个性化学习的促进者和辅导者。建构主义学习理论中有提及，学生获得知识需要得到其他人的帮助，包括教师或者其他的学习者，这些帮助主要是以必要的教育材料为基础的。教师在对教学内容和教学方法进行调整的过程中，是以学生的学习需求和学习状态为参照的，学生的学习需求以及具体的行为表现都是教师实施混合式学习教学方法的标准。

在传统的课堂教学中，教师发挥着绝对的主导作用，学生的学习主动性在一定程度上受到了抑制，混合式学习使得传统的课堂发生变化，教育开始由传统的教师主导模式向以学生为中心的模式转变。这种转变明确地表明了学生在学习过程中主体地位的变化，教师的角色更多的是对学习的引导和对知识的解读。混合式学习结合了面对面学习和在线学习的优势，教师能够尽可能地激发学生的主动性、热情和创造性，学习者在学习的过程中能够获得实际的学习经验。在混合式学习环境中，学习者能够根据自身的需要，自行调整学习节奏和学习进度，也能够根据自己的喜好，自行选择参与的课程和活动，甚至也可以选择适合自己的教师。在混合式学习的不同模式中，都会优先考虑学生的学习需求，赋予学生选择课程的权利，让学生能够自己选择课程进行混合式学习。同时，教师关注学生不同学习阶段和年龄阶段的特点，关心学生学习过程中的心理变化，促进学生的身心健康和全面发展。

2.6.2 专注于深度混合

在混合式学习活动中，并不是机械地将学习内容、教学方法、学习策略和教学工具等简单地杂揉在一起，而是有组织地、高效地、有规律地进行混合。首先是学习活动，对于学习活动的定义也不再只是传统意义上的课堂活动，还包括在线活动。这种活动的混合能够接触到混合式学习环境中的所有学习者，学习者也可从个人情况出发来确定要参与的具体活动。其次是两种学习环境中的学生，以往的在线学习环境和课堂学习环境是相对独立的，分别有各自的学生群体。混合式学习让两种学习环境中的学生融为一体，这种混合为新的学习带来了更多的可能性，传统课堂中的学生也能够与在线课堂中的学生展开交流与沟通。最后是在线学习与面对面学习中的教师，单一学习环境中的教师有一定的局限性，教师在课堂上与学生面对面交流，帮助学生答疑解惑。有些教师则是通过网络平台或者远程教育的形式为学生传道授业，教师群体的混合也为教师教学带来了观念和行动上的转变。这三种主要元素的混合有其一定的规律，不是纯粹的传统面对面学习，也不是单纯的在线学习模式，在混合式学习的课程实施过程中，混合式学习结合了多种方式，包括移动学习、翻转课堂、社会化学习、小组讨论学习和课堂实践等方式，当然还有最重要的在线学习，从而尽可能多地为学生展现多种学习方式的选择性和可能性。

2.6.3 重视师生之间线上线下的交流与互动

混合式学习吸取了面对面学习与在线学习的优势，重视师生之间线上与线下的交流互动。在混合式学习中，教师和学生是两大主体，教师和学生之间需要深度的交流和沟通，只有这样才能够让教师获得学习情况反馈、改善教学，真正地照顾到不同年龄阶段、学校地区、教育背景下学生的不同需求。在线学习环境中，教师和学生能够利用信息技术和交互工具，通过在线学习平台进行交流与沟通。教师与学生在网络环境中的交流是在线课程中的主要方式，在一些特定网络教学软件的帮助下，师生之间的互动不受时间地点的限制。除了对师生之间的在线互动的重视以外，线下的交流也值得关注。尤其是在混合式学习中，教师能够在学生需要的时候进行交流和辅导，在现场监督和指导学生学习的过程中，在适当的时候为学生提供一定的讲解和交流。学生在不同学习环境中对于教师的需求程度是不同的，因此，混合式学习重视教师与学习者之间线上与线下的交流与互动，这也是混合式学习的精髓所在。

2.7 本章小结

MOOC 对高等教育的影响是深远的，我们既不能因为其功能强大而全盘接受，也不能因为其存在缺略而全面否定。我们要正视MOOC的存在，也要倾听不同的声音。一方面，我们要紧跟互联网和信息技术进步带来的教育变革。另一方面，我们也应避免盲目认可或者夸大MOOC所产生的作用，对其一味听之任之。归根结底，MOOC只是一种在线课程，是把知识作为一种信息传递给了学习者，是知识传递的一种工具。但是，教育却不仅仅是知识的传递，教育的目的是发展美德和塑造个性，实现教育的目标需要全社会所有的教育力量来共同完成。笔者认为，MOOC未来的发展方向是与传统学习方式全面融合，通过大数据分析为学习者提供个性化的学习服务。混合式学习理论是多种学习理论的融合与升华。混合式学习理论包含联通主义学习理论、建构主义学习理论、认知主义学习理论、人本主义学习理论、教育技术理论等多种学习理论，这些学习理论有机地混合在一起，形成一种全新的学习理论。混合式学习理论不是多种学习理论的简单叠加，而是一种扩展性创新，它的价值在于不断地探索如何在更复杂的环境下提供更优质的解决方案，如何把不同教学方法和教学要素结合在一起来提高教学质量，如何在教学实践中不断完善、不断总结、不断提升。混合式学习是以学习者为中心的教育范式，以多种学习理论为支持，以在线学习为突破，以培养学生个性化学习、自主学习、探究学习为目的，是一种全新的学习方式和教育模式，是互联网时代教育信息化工作改革与创新的新思路。

第 3 章　普通高校大学生混合式学习的问卷调查与访谈

互联网时代，高等教育人才培养目标已由标准化、专业型向多元化、复合型转变。同时，在信息技术的支持下，知识的生成、发展、获取和传播较之以往也发生了重大改变，这双重叠加的改变对人类的学习方式和教育模式产生了重大影响，混合式学习就是在这样的背景下提出的。混合式学习从浅层次理解，是基于课堂教学的面对面学习和以 MOOC 为核心的在线学习的有机结合；从深层次理解，混合式学习是以学习者为中心的教育范式，关注学习的全过程和个性化学习，以培养学习者自主学习能力、探究学习能力和团队协作能力为目标。但是到目前为止，国家教育主管部门还没有制定和出台关于混合式学习的实施方案和评价标准。虽然现在很多人的学习方式已经和互联网产生了紧密联系，特别是对当代大学生而言，在线学习已经成为课堂学习之外最重要的学习方式，此时研究混合式学习在大学生实际学习生活中的真实状态和问题，关系到混合式学习的真正意义和价值所在。鉴于此，笔者采用问卷调查和访谈的形式，对我国在校大学生混合式学习现状、成效以及对混合式学习的看法与需求进行调研，旨在了解我国混合式学习平台资源配置和利用率情况，借此挖掘我国现阶段以 MOOC 为背景的混合式学习存在的问题，从而把对当前普通高校大学生混合式学习的效果评价建立在更真实可信的基础之上。

3.1 问卷设计与调查

任何有意义的学习都必须通过学习者积极、有效的学习活动来实现，任何机械、盲从的学习只是在浪费学习者的时间和精力，只有将知识内化为自身知识结构，才能达到学习的真正目的。所以说，探究在校大学生混合式学习现状，首先要研究大学生对混合式学习的认知、感受、评价和希望。"互联网+"背景下的混合式学习不是简单地把教师的课程视频放在互联网上让学生来观看，也不是在缺失深度学习和思考的情况下完成各项在线测试，而是真正关注大学生本身的学习需求。混合式学习的平台建设和教学设计要充分关注大学生的认知特点和接受程度，只有重视学习过程和学习规律的研究，才能实现教育信息化的本质要求。

鉴于此，本书的问卷调查是以混合式学习理念为理论基础的，即混合式学习的出发点和落脚点都是人，秉承技术为人服务的宗旨来研究大学生混合式学习的开展情况。基于上述教育理念和研究思路，本书设计了大学生混合式学习的调查问卷（详见附录 1《普通高校大学生混合式学习调查问卷》）。

3.1.1 调查对象的样本选取

根据崔璨等（2015）学者的研究，目前我国 MOOC 平台建设开展较好的高校有 70 多所，主要集中在我国东部和中部地区的一些重点大学，如 985、211 高校。国家统计局数据显示，2016 年我国普通高等院校共计 2529 所，在校大学生超过 2800 万，对于那些自身没有能力建设 MOOC 平台的高校而言，混合式学习能否顺利开展成为学者们关注的重点问题。对于全国 2000 多所非 985、211 高校的在校大学生，他们对混合式学习的使用情况和接受程度究竟如何，也关系到混合式学习的推广前景和研究意义。

基于此，本研究选取了我国 10 所普通高校进行问卷调查，旨在了解我国普通高校在校大学生对混合式学习的认知、使用、需求以及存在的问题，并从中探寻我国普通高校混合式学习的实现路径与评价标准。本书在全国范围内选取了 10 所普通高校作为样本进行问卷调查，这 10 所高校中既有文科和理科高校，也有全国重点高校和省属地方高校，其中有一所为 211 高校，其余几所为非 985、211 普通高校。上述方案的选取是基于两个原则：一是普通高校的代表性与涵盖面原则（王怡，2014）。本书是研究普通高校大学生混合式学习的问题，因此，调查样本应尽可能涵盖我国多种类型大学，既包括 MOOC 建设较好的发达地区高校，也包括基础设施投入不足、MOOC 资源主要依赖外部引入的地方普通高校。在专业特色选择上囊括了偏文史、偏理工和综合类等多种类型，调查选取的学校样本应该尽可能把几种主要类型的学校都包括进来。二是可靠性和获得性原则。原本提出的样本类型的学校数量不止 10 所，但由于给许多学校发出接受调查意愿的征询函后未获得支持，有的虽表示同意进行此项调查工作，但收到调查表后没有及时开展相关信息采集工作。本着确保调查问卷有效发放和按时回收的原则，最后选定了 10 所学校。

在学生群体的选取上，本问卷主要面向在校大学生，在各年级中均选取一定比例的学生，并以二、三年级学生为主。问卷调查的主要目的是了解大学生对混合式学习的认知、态度和评价。通过对大学生的上网时间、学习背景、学习风格，对混合式学习的评价和接受度等数据信息的收集，来了解普通高校大学生混合式学习的开展情况和存在的问题。

3.1.2 调查内容

调查问卷主要包括三部分内容：

（1）个人情况：主要了解参与问卷调查的学生的个人基本信息，包括性别、年级、上网时间和混合式学习使用频率等信息。

（2）对混合式学习的使用与认知：主要了解学生对于混合式学习的使用意愿和认知情况。包括在学习上遇到困难或问题时一般会采用哪种方式寻求解决，上网过程中进行混合式学习的时间比例，上网的最主要目的，最喜欢的网上交流方式，使用过哪些网上学习资源，访问过哪些 MOOC 网站，是否喜欢混合式学习方式，混合式学习方式对自己是否会有帮助，是否会采用混合式学习来选修课程，等等。

（3）对混合式学习的评价与建议：重点了解学生对混合式学习的看法、需求、评价和建议等。调查内容包括：在混合式学习中您希望得到老师的指导吗？您选择混合式学习的原因以及您认为最理想的网上学习资源是什么？在混合式学习中对学习效果产生影响的关键因素是什么？影响大学生混合式学习的负面因素有哪些？混合式学习中的互动交流情况如何？对混合式学习技术上的评价是什么？混合式学习对所学专业的帮助情况，等等。

3.1.3 调查问卷的实施与回收

《大学生混合式学习调查问卷》从开始发放到收回历时半年。共发放纸质问卷 1000 份，回收问卷 972 份，回收率为 97.2%。排除填写错误、填写不完整、答案雷同等无效问卷，共获得有效问卷 959 份，有效率为 98.7%。

3.2 问卷调查数据分析

1. 互联网的使用情况

如图 3-1 所示，大学生网龄有 5 ～ 8 年的占 45.59%，说明接近一半的大学生有丰富的上网经历，在升入大学以前就已经具备了一定的计算机操作技能。对于教育工作者而言，无论是否引导学生开展混合式学习，绝大部分学生都已经在使用互联网了，甚至有一大部分学生已经自己开展了混合式学习，虽然这种状态的混合式学习是盲目和自发的，但确实是普遍存在的，这是当代教育工作者无法回避的问题。

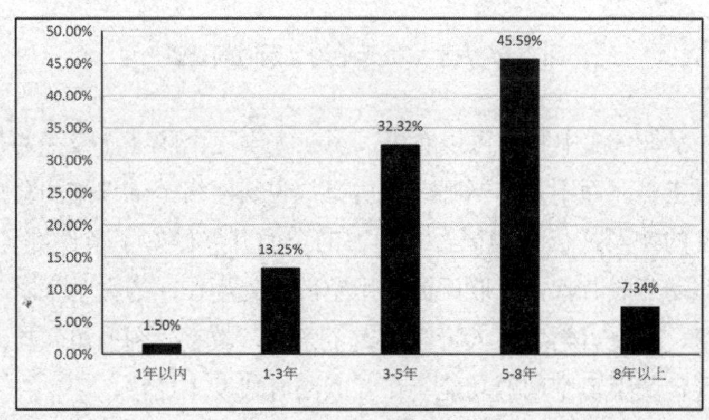

图 3 1　大学生网龄统计

从图3-2中我们可以看出，大学生每天上网5小时以上的有73.73%，甚至有8.36%的大学生每天上网的时间超过12个小时。互联网对当代大学生的影响是深远的，虽然网上信息资源鱼龙混杂、良莠不齐，但毫无疑问，互联网已经占据了大学生的主要业余时间，成为大学生学习生活中不可或缺的内容。我们无法隔绝青年一代与互联网的联系，只能积极引导他们正确地面对网络世界、科学地利用好互联网，从而引导学生成才，帮助学生完成学业，实现教育计划和培养目标。

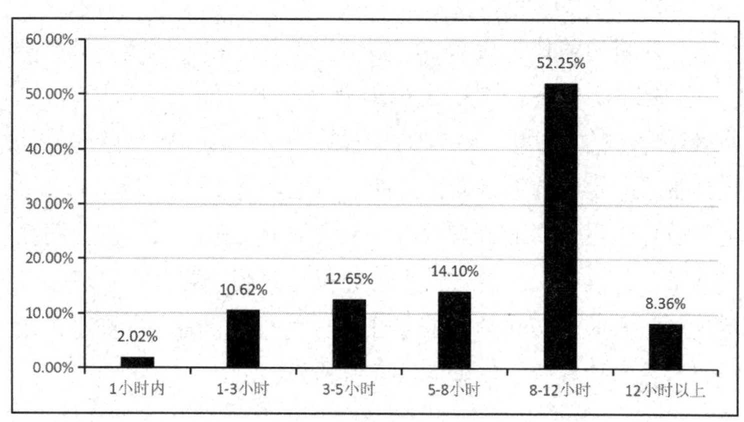

图3-2　大学生每天平均上网时间调查

从图3-3中我们可以看出，现在大学生上网地点最多的是在寝室里，而不是在网吧或机房里，说明网络基础设施和移动设备的普及，已经为混合式学习的全面开展做好了条件准备。在移动互联时代，互联网的使用空间无处不在，为大学生时时可学、处处可学、人人皆学创造了条件，教室、图书馆、自习室等传统学习空间的功能会在互联网时代发生迁移。

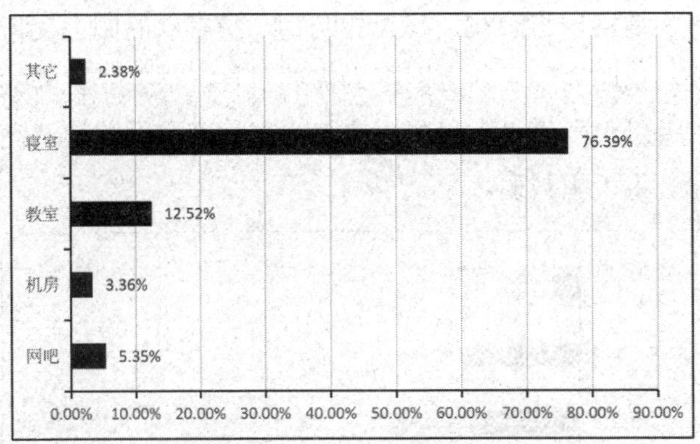

图 3-3　大学生上网地点调查

互联网对大学生学习和成长的影响，更多的表现在答疑和解惑上。在“学习上遇到困难或问题时一般会采用哪种方式解决”的一项调查中，有 86.15% 的人选择了会在网上寻找答案，这表明互联网已经成为当代大学生探索知识、开展学习的首要工具。具体如图 3-4 所示。

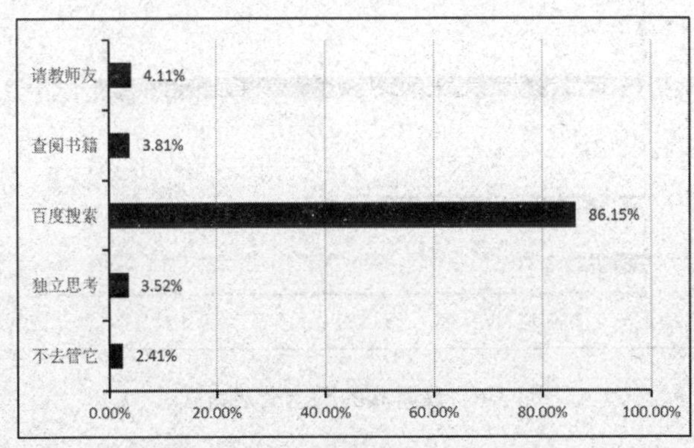

图 3-4　学习问题的解决方式调查

在“大学生网上行为”（见图 3-5）和“最喜欢的网上交流方式”（见图 3-6）调查中，我们可以看到，大学生上网最多的行为是娱乐与游戏、聊天与购物，最喜欢的网上交流方式是聊天，说明大学生的上网行为需要引导，需要用优秀的在线内容去吸引大学生，如果失去或者不重视互联网阵地，高等教育功能必将大幅减弱。

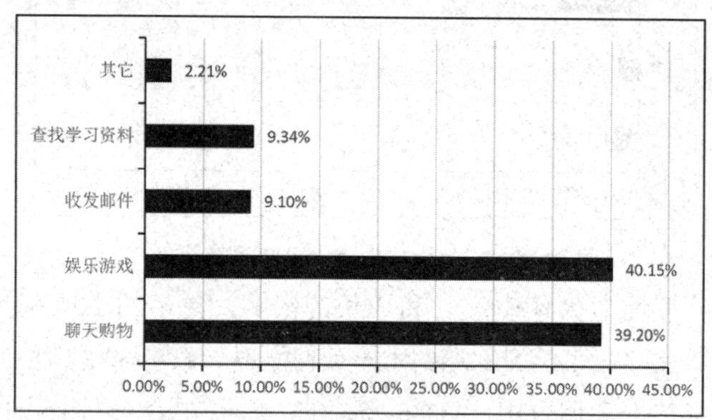

图 3-5　大学生网上行为

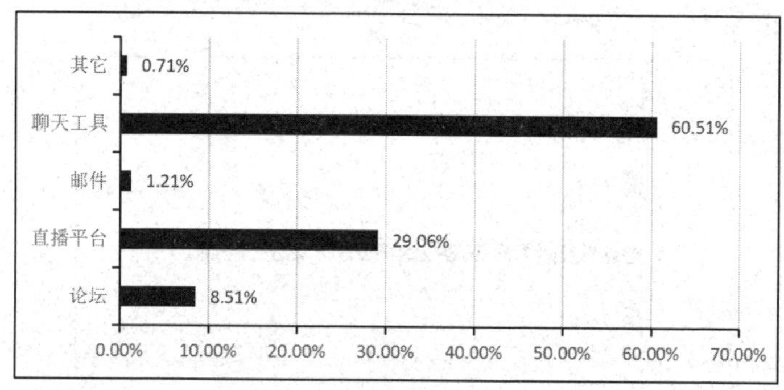

图 3-6　最喜欢的网上交流方式

2. 对混合式学习的认知及使用情况

大学生对在线学习资源使用最多的是搜索引擎，依次往后的是课程网站、电子期刊库、专业论坛和数据库（见图 3-7）。

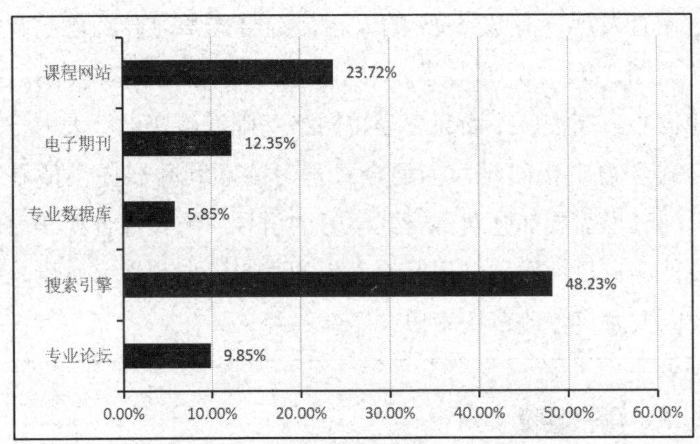

图 3-7　使用过的网上学习资源

对大学生 MOOC 具体使用情况的调查显示，有 90% 以上的大学生上过各类 MOOC 网站（见图 3-8），可见，在我国普通高校中，大学生对 MOOC 的接受度已经很高，很多学生实际上已经开展了混合式学习。所以，尽快建立科学、规范的混合式学习模式势在必行。

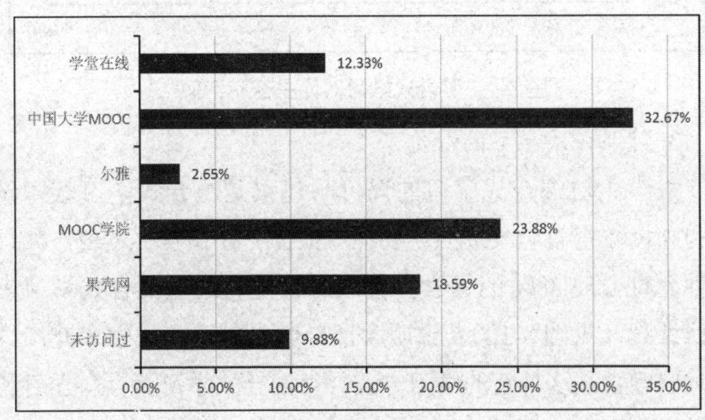

图 3-8　访问过哪些 MOOC 网站

调查发现，有72.59%的人相信混合式学习会对自己有帮助（见图3-9），说明大部分学生对混合式学习抱有较高的兴趣和信心。高校应不断完善学校网络基础设施建设，大力推广混合式学习平台建设，为混合式学习的顺利开展提供便利条件，同时也需要加强对混合式学习的引导，防止混合式学习的自发性、盲目性发展，提升大学生的学习效率和学习质量，为高校的人才培养改革探索出一条新路径。

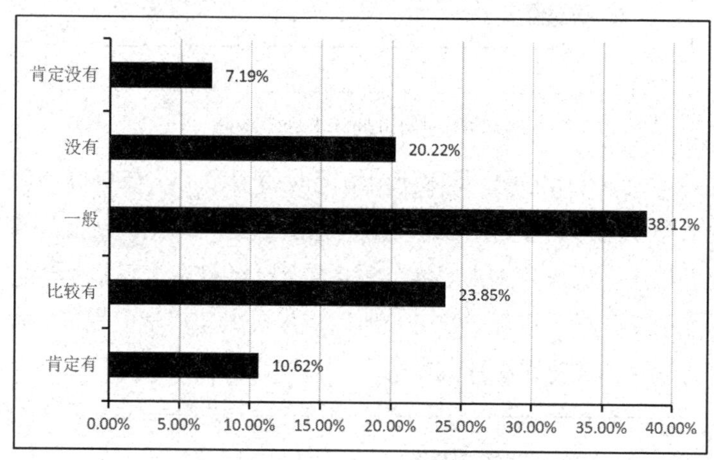

图3-9　混合式学习对你是否有帮助

3. 对混合式学习的评价

大学生对混合式学习的评价与建议是混合式学习教学设计和高校教育教学改革的重要参考依据。在调查中发现，如果条件允许，55.38%的大学生会或者肯定会通过混合式学习来选修课程（见图3-10），说明大部分学生对混合式学习充满兴趣，愿意尝试这种新的学习方式。对混合式学习而言，学习者的学习意愿和主观能动性决定了学习成效。大学生喜欢这种学习方式，是混合式学习推广和开展的直接推动力。

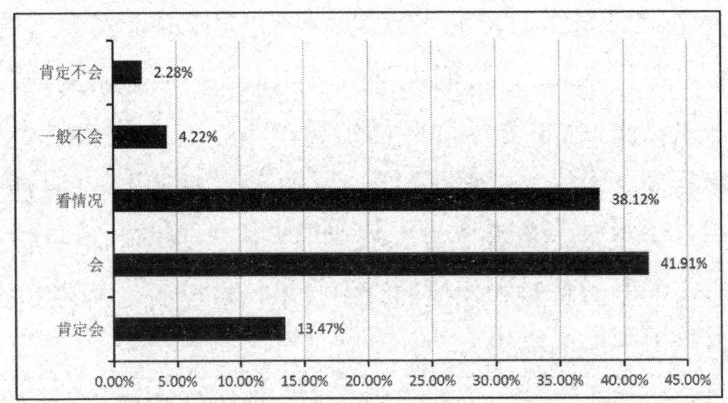

图 3-10　是否会通过混合式学习来选修课程

在“如果让你在规定时间内用混合式学习完成一门课程，你会怎么做？”一题中，59.56% 的学生表达了对使用混合式学习方式开展学习的兴趣和信心（见图 3-11），说明开展混合式学习在大学生群体中有较高的接受度。混合式学习接受度直接影响到混合式学习的实施效果，也决定了混合式学习的普及程度和发展规模。因此，在混合式学习平台的设计中，首先要考虑平台界面的亲和度，使更多的大学生接受甚至喜欢在混合式学习平台上开展学习，从而不断提高平台的可用性和易用性。

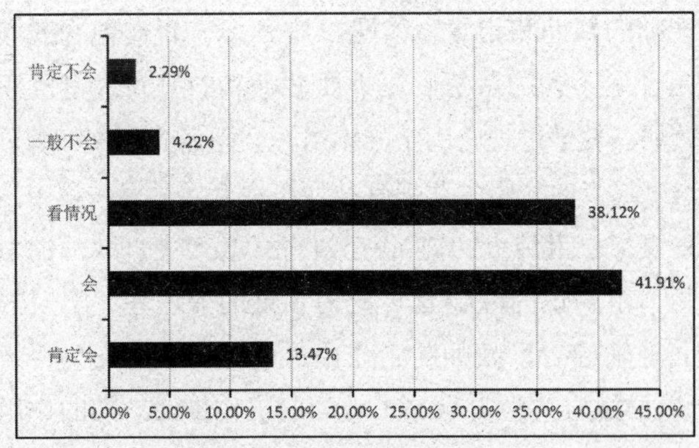

图 3-11　在规定时间内用混合式学习完成一门课程

网上信息量大、资源丰富是大学生选择混合式学习的首要原因（见图 3-12），说明大学生对知识的拓展非常渴望。的确，21 世纪的人才培养目标已由标准型、专业化向复合型、多元化转变，大学生需要学习更多的知识、掌握更多的技能才能适应社会发展的需要。混合式学习依托互联网和信息技术，拥有丰富的学习资料和便捷的查阅技术，可以满足大学生对大信息量学习资源的需求。

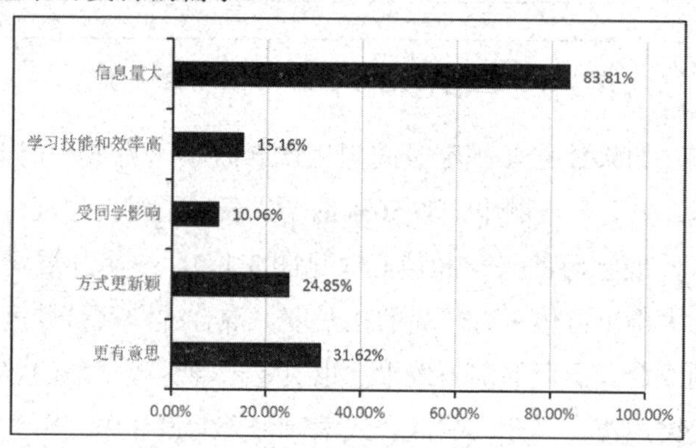

图 3-12　选择混合式学习方式的原因

在混合式学习过程中，有 58.82% 的人认为，需要或者肯定需要教师的帮助和指导，如图 3-13 所示。说明混合式学习不仅仅是学生个人的事情，还需要教师和教育管理者的积极参与。教师在教学过程中的主导作用不会因为 MOOC 而减弱，相反，越来越多的大学生意识到教师在混合式学习过程中的作用依然重要（杜世纯，2014）。在混合式学习中，教师的角色发生转变，由知识的灌输者转变为知识的梳理者、学习的引导者和心理辅导者，教师的工作由“一对多”转变为“一对一”。所以，混合式学习增加了教师的工作量，教师的作用也更加凸显了。

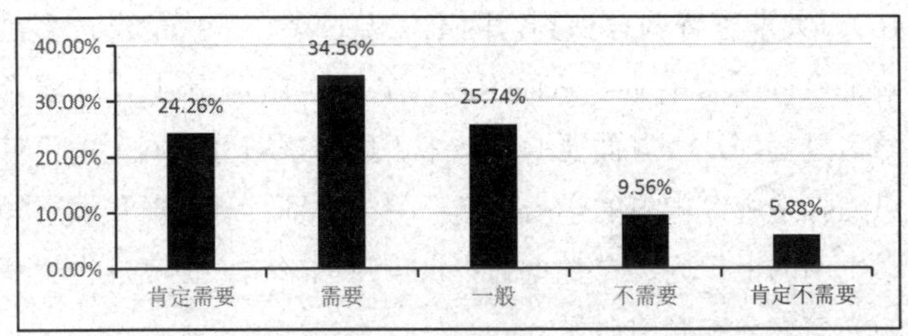

图 3-13　是否需要在混合式学习中得到教师帮助

学生希望从网上得到更多的学习资源，最理想的学习资源是专业课程辅导和拓宽视野的学习资料（见图 3-14），说明大学生对目前的课程满意度还有待提升。在大学校园，很多学生有逃课行为，作为教育主管部门和教师，不能一味地指责学生的学习自律性差，也应该反思单一的教学方式和枯燥的教材是难以吸引学生学习的根本原因。利用混合式学习平台，改善传统教学方式，用丰富有趣的优质学习资源把学生吸引到课堂才是最佳的解决途径。

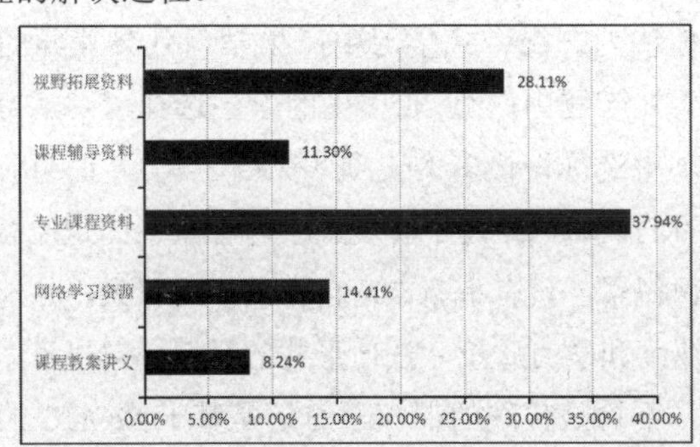

图 3-14　最理想的混合式学习资源

对于大学生而言，学习者的主观能动性和自律性决定了混合式学习的效果，网上学习时不自觉地浏览与学习无关的网页或查看聊天信息等，往往让学习效率变得低下（杜世纯，

2016）。大学生普遍意识到，网上资源过杂、干扰信息过多是影响混合式学习的主要负面因素（见图 3-15）。因此，在混合式学习过程中，一方面要通过技术手段，屏蔽互联网上的不良信息，打造纯净健康的学习环境；另一方面，教师要积极引导大学生的网上行为，自觉抵制不良信息的影响，提高混合式学习的学习效率和学习质量。

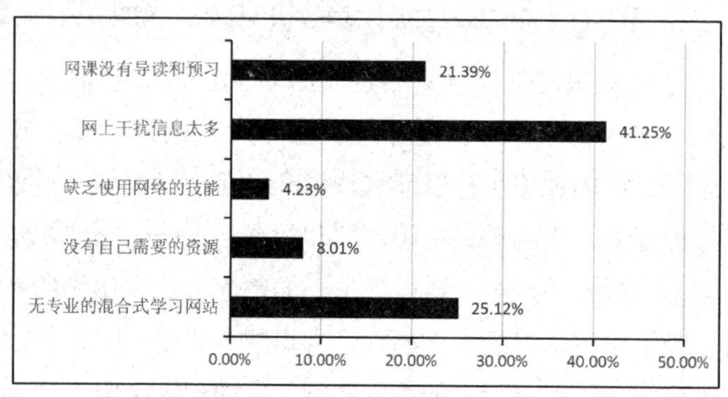

图 3-15 影响大学生混合式学习的因素

在“你认为在混合式学习中产生学习效果差异的影响因素有哪些？”一题中，有 38.14% 的学生选择了“学习背景”，是五个选项中选择得最多的一项（见图 3-16），说明大学生对混合式学习的认识已经趋于客观。学习背景指的是原有的学习基础或知识积累，只有不断丰富自身的学习背景，才能提升知识的掌握速度和学习质量。任何形式的学习都取决于学习者自身的努力，不管是传统的课堂学习还是基于 MOOC 的混合式学习，学习背景欠缺、基础不牢固，再好的课程和学习方式也不能达到掌握知识、全面发展的目标。所以说，学习背景和课程预习对混合式学习的顺利进行至关重要。

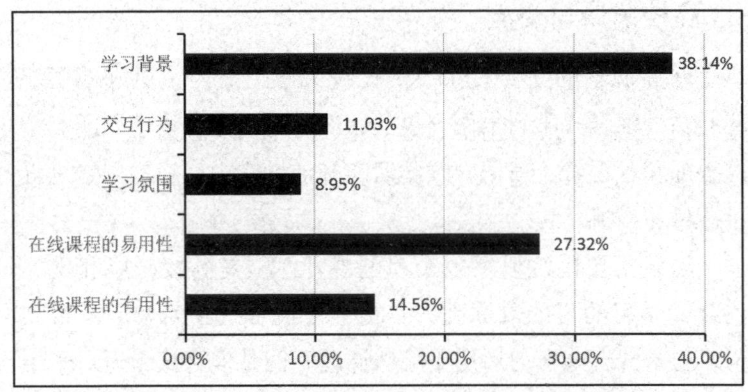

图 3-16　产生混合式学习学习效果差异的影响因素

通过本次调查发现，混合式学习对大学生而言有着巨大的吸引力，有 65.44% 的大学生希望混合式学习方式能够取代传统的课堂教学（见图 3-17），说明大学生对混合式学习抱有极大的希望，对新的学习方式愿意进行尝试，这一现象必须引起高校管理者和教师的高度重视。

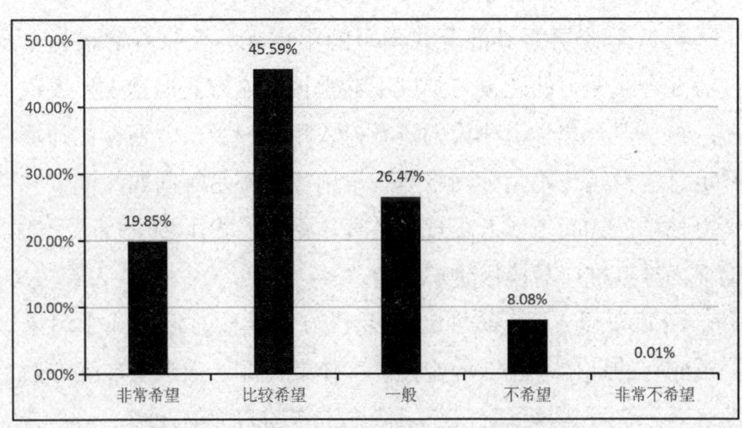

图 3-17　是否希望混合式学习取代课堂教学模式

3.3 高校访谈与交流

问卷调查的受访者主要是在校大学生，为了更好地了解普通高校混合式学习全面开展的状况，笔者还走访了四所高校的教师和管理者，就混合式学习在开展过程中存在的问题进行了探讨与交流。

访谈主要围绕以下七个问题展开：一是高校开展和推广混合式学习的目的或原因？二是学校混合式学习开展是否到位？三是混合式学习适用于哪些课程？四是混合式学习对学生的学习成绩提高的具体帮助有哪些？五是教师在今后的教学中推广或使用混合式学习教学模式的意愿？六是混合式学习存在的最大问题是什么？七是对开展混合式学习的意见与建议。（详见附录2《关于混合式学习开展情况的访谈提纲》）

在访谈和交流中，笔者发现四所高校的管理者和基层教育工作者对我国普通高校混合式学习存在问题的认识有高度的一致性，主要集中在以下四个方面：

（1）学校层面对混合式学习的不重视。大家普遍认为学校对混合式学习的建设与推广不够重视，这方面问题主要表现在：给予混合式学习建设的资源投入相对较少，普遍存在师资不足、建设经费不足、网络基础设施投入不足等问题，混合式学习教学模式尚未引入正规的教育体系中，得不到学校层面的重视，导致推广与应用进展缓慢。

（2）教师方面存在的问题。一方面学校对混合式学习未给予应有的地位，在课程安排、工作量计算、教师发展等方面没有充分认可从事混合式学习研究工作的教师的业绩；另一方面从事混合式学习的教师本身对普通高校混合式学习平台建设经验不足，不能够根据学生的特点和需求去开设相关课程，也缺乏相关的在线教育理论与知识。

（3）急需构建混合式学习课程体系标准。目前，普通高校混合式学习的开展存在盲目性和随意性，缺乏整体设计和对学生需求的把握，课程内容设计在结构上也缺少系统性规划，既缺乏针对性又缺乏灵活性，难以满足当代大学生日益增长的多样性的在线学习需求。

（4）普通高校混合式学习需要在教学理念、方法和环境条件方面全面改革。此次访谈受访者大多是一线教师，教师反映在教学过程中开展混合式学习没有经验可以借鉴，往往有许多困惑，而普通高校在混合式学习的推广和使用上尚缺少清晰的教学理念、教育方法、教学条件和环境，缺少规范的评价体系。

3.4 对问卷调查与访谈的思考

通过对调查结果和数据的分析，可比较深入地了解和掌握在校大学生对混合式学习的认知和评价情况，以及高校开展混合式学习的困境和亟待解决的问题。由调查数据可知：大约 60% 的大学生每天上网时间会在 8 小时以上；86.15% 的大学生在遇到问题首先会上“百度”寻求帮助；67.65% 的大学生在网上查找学习资料；95.23% 的大学生使用过网上学习资源；90% 以上的大学生上过各类 MOOC 网站；72.59% 的人认为混合式学习会对自己有帮助；55.38% 的大学生希望通过混合式学习来选修课程；59.56% 的学生表达了对混合式学习的信心；混合式学习对大学生的吸引力巨大，有 65.44% 的大学生希望混合式学习方式完全取代传统的课堂教学。

通过问卷调查我们还可以发现，网上信息量大、学习资源丰富是大学生选择混合式学习的首要原因；有 58.82% 的人认为，在混合式学习过程中需要教师的帮助和指导；最理想的学习资源是专业课程辅导和拓宽视野的学习资料；网上资源过杂、干扰信息过多是影响混合式学习的主要负面因素等。目前我国高校混合式学习的开展实施情况，引发了教育工作者对混合式学习的改革进行更深层次的思考（杜世纯，2016）。

（1）对于学生而言，混合式学习的开展缺乏科学的指导和规范的平台，一直处于自发状态，很难给学习带来质的提升。第一，调查问卷数据显示，混合式学习中预习需要花费比以前传统课堂学习更多的时间。因为在混合式学习中，对于一些难点和重点知识，视频课程是不会因为你的理解困难而自动停下来，进行特意强调和重复的，没有提前预习，很容易造成囫囵吞枣，从而影响后面的知识学习；第二，在传统课堂学习中，学生过多地依赖教师的教学组织，在知识的学习和升华过程中处于被动地位。在混合式学习中，学生要主动提出问题、解答问题，在知识的学习和升华过程中处于主动地位，这就需要更多的知识储备，需要课上课下查阅更多的资料，对知识有更深的思考；第三，对于大学阶段的学习来说，学习态度比学习方法更能影响学习成绩。很多学生自律性不强，在在线学习过程中经常浏览与学习无关的网页，也时不时和朋友进行网上聊天，这极大地降低了学习效率和课堂注意力。调查显示，混合式学习需要高度的注意力，在学习视频课程时如果注意力分散，就会漏看一些内容，虽然视频课程可以反复播放，但学习效率却大大下降了。所以说，混合式学习并没有让学习变得更轻松。

（2）对于教师而言，混合式学习中教师的角色发生转变，需要对"教"与"学"进行重新定义。在混合式学习过程中，教师的任务不再是对知识的讲解和灌输，而是对知识的梳理和引导。在传统课堂教学中，教师要告诉学生“知识是什么”，在混合式学习中，教师要告诉学生“知识在哪里”。在课堂讨论中，混合式学习强调的是教师的引导作用，更多地希望学生是学习讨论的主体，而教师只是起到组织者的作用。在传统课堂教学中，学生的“学”主要体现在“听”和“记”的环节，而在混合式学习中，教师将学生的“学”转变到“找”和“解”环节，让学生在“做中学”，让学生自由地在互联网上寻找想要的知识，在解答问题过程中去主动地交流和探索。互联网时代，知识的生成、发展、获取和传播都发生了一系列变化，而这些变化必然会带来“教”与“学”的改变。混合式学习能够充分利用互联网资源和教育信息化理念，改变传统课堂教学模式，赋予“教”与“学”以新的内涵。

（3）对于学校而言，混合式学习的课程设计要赋权于师生。在调查和访谈中笔者发现，不是所有的课程都适合混合式学习，很多注重演算、公式推导的知识更适合传统的课堂教学。有的课程在绪论和前几章的讲解中，采用混合式学习会有利于学生开阔视野、掌握知识，但后面偏重于计算方法和推导过程的章节，则更适合传统的课堂教学，因为沉浸式的学习环境更有利于掌握计算和推理方面的技巧。因此，在混合式学习课程的设计中，要赋权于师生，学校不能一刀切，采用统一标准、统一模式来设计课程，混合式学习在教学过程中所占的比例也要因“课”而异、因人而异。教师要根据课程特点和学生接受情况，灵活设计课程，才能真正实现在线学习提升学习兴趣、挖掘学习潜力的目的。

（4）对于整体教育环境而言，混合式学习的完善和改进是一个长期过程，需要全社会教育教学理念的转变。教育决定了社会的未来，一种全新的教学模式和学习方式变革，不仅仅是高校和学生的事情，还关系到教育主管部门、学生家长、用人单位、新闻媒体等众多社会群体的观念转变。如同计划经济向市场经济转变一样，混合式学习的推广和应用也需要整个社会的认可和支持，单纯靠学校或教育主管部门，在线学习是不会取得成功的。目前，有的高校已经开展网上课程的认证和跨校间的学分互认，有的用人单位也开始关注高校毕业生的网上课程结业证书，一些关于混合式学习完善和改进的实验也在有条不紊地进行，相信不久的将来，以 MOOC 为核心的混合式学习必将成为我国高等教育人才培养的主流模式之一。

3.5 本章小结

本章对 10 所高校进行了问卷调查和访谈，通过对 959 份问卷、7 万多个调查数据的整理，比较清楚地了解到目前我国高校大学生对混合式学习的认知、需求、评价和希望，以及目前以 MOOC 为核心的混合式学习教育中存在的问题和不足，对混合式学习在高校的开展情况有了更深入的了解。问卷调查和访谈的开展为我国高校混合式学习影响因素的研究和混合式学习效果评价体系的构建提供了数据，奠定了坚实的研究基础。

通过调查发现，当代大学生绝大多数都是资深网民，互联网已经成为其生活中不可或缺的部分，基于互联网的混合式学习方式也早已开展，但是由于缺乏科学的指导和规范的操作程序，这种盲目的、自发式的混合式学习没有给学习带来实效，相反，却浪费了大学生很多的时间、金钱和精力。研究混合式学习就是为高校大学生构建一套科学、高效、规范的学习方式，从根本上提升其学习效率和学习质量。

第 4 章　混合式学习的影响因素

学习是人类一项非常复杂的心理活动，提高学习质量和效率，推动人类整体认知水平的发展是历代科学家、教育学家和心理学家坚定而又神圣的使命。通过第 3 章的问卷调查和访谈可知，目前我国高校大学生对混合式学习普遍抱有极大的兴趣和使用意愿，但由于缺乏统一的技术指导和完善的平台，混合式学习一直处于自发性、随意性的发展过程中，没有起到促进学习者个性化学习、培养自主学习和探究学习能力的作用，也无法担当起互联网时代高等教育信息化改革与发展的重任。要想建立完备优化的混合式学习平台，就必须准确测定影响混合式学习的关键因素，并对其进行深入的探究分析，才能综合把握混合式学习的特点和规律，构建科学、合理、高效的混合式学习平台，从而加快混合式学习的推广和效能的发挥。

4.1 混合式学习影响因素的假设

从问卷调查和访谈中可以发现，大学生对混合式学习的认知和评价往往来自对在线学习平台的认知、使用感受与评价。在线学习平台是否便于使用，在线课程是否对自己有用决

定了大学生混合式学习的目的和效果。因此，感知易用性和感知有用性是混合式学习接受度的重要影响因素。在混合式学习的开展过程中，很多学生反映，学习气氛、交互行为等因素也影响到混合式学习的接受度，学习氛围能够有效促进学习兴趣、激发学习积极性。交互行为决定了混合式学习交流的频率和强度，是开展深度学习的重要影响因素。在混合式学习中，学习者的学习背景对学习过程和学习效果发挥了至关重要的影响作用，也是众多影响因素中的关键因素。学习背景是一个宽泛的概念，包括学习者的学习经历、知识基础、阅读视野、认知水平、学术功底和实践能力等，是学习者学习新知识和奠定学术讨论基础的前提。学习背景直接决定了学习者对新知识和新课程学习的效率和效果，也影响到学习的满意度和接受度。可以说，学习背景直接影响了学习质量。学习背景的测量非常困难，因为每一个人的成长经历、学习经历和心智水平都不相同，所以有一百位学习者就有一百种学习背景。学习背景是一个变量，它随着学习者的努力程度在不断变化和拓展。在混合式学习中，预习和导读环节就是重要的学习背景，如果忽视这一环节，混合式学习将无法顺利开展。本书对混合式学习影响因素的研究主要从学生个体因素和学习环境两个维度展开。在嵌入信息技术的混合式学习中，学生的接受程度直接影响到最终混合式学习的效果，是混合式学习平台建设和效果评价的重要依据（Wu，2013）。学生对混合式学习内容、方式和操作流程的感性认识，对学习氛围和交互行为的依赖以及学习背景的状况决定了最终的学习效果。但是，以上诸多因素对混合式学习接受度是否有显著的影响？是正向影响，还是负向影响，还需要一一假设，并开展研究。

4.1.1 感知易用性与学生接受度关系假设

感知易用性是指某种产品对于使用者来说能够感受到容易理解、易于操作、减轻记忆、使用满意等，体现在这种产品的操作界面简单、使用者认知成本低等方面。但是不同学习背景的使用者，由于认知能力、学习能力、操作经验等方面具有差异性，从而导致感知易用性是不同的。感知易用性和学习接受度之间的关系，可以从学生学习的快乐程度和学习效果等方面来衡量。斯诺（Small，2012）认为，学生的接受度受自我激励、同伴互动、课程结构、教师反馈等因素影响，依赖于教师是否能够根据授课内容、依据学生的喜好特点进行知识的传递。混合式学习的易用程度以及学生的学习背景共同决定了该学生对混合式学习的接受度（Wang，2003）。谢尔（Sher，2009）发现，混合式学习接受度较高的学生，学习成绩要明显好于接受度低的学生。为了揭示混合式学习学生接受度的机制和影响因素，奥斯顿（Owston，2012）通过研究发现，在混合式学习中，学生具有更加灵活自主的学习时间，可以随时随地下载各种学习资源，实现更高层次的、更加自主的学习，并且面对面地讨论课有助于学生间协作分享，获得更多课堂外的知识。坦尼森（Tennyson，2012）构建了混合式学习学生接受度层级分析模型，提出感知易用性、感知有用性和学习氛围是影响学生接受度的三个关键因素，并对混合式学习中的易用性进行了详细的阐述，指出易用性是指混合式学习中数字化学习平台具有友好的界面和清楚易懂的知识，具有易操作性和自主性的特点，容易被学生接受，认为易用性与混合式学习学生接受度呈正相关（Joo，2011）。沙欣（Sahin，2008）通过调查发现，混合式学习平台是否易于操作是影响学生再次登陆平台的重要因素，在授课前，教师应向学生介绍如何使用混合式学习平台，并提供操作手册以备随时查阅，学习过程应被精心设计与实施，满足学生的期望与要求，从而使学习内容与学习过程更容易被学生接受。通过以上综述和分析，可假设：

假设 1：感知易用性与学生接受度正相关。

4.1.2 感知有用性与学生接受度关系假设

有用性的同文词是效用，“有”即存在，“用”即指功效、意义、影响和作用，“有用”是指存在功效、意义、影响和作用，感知有用性指利用感官获得对混合式学习有功效、有意义、有作用、有影响的印象。恩特尔（Ertmer，2008）等人进行了一项研究，发现学生的感知有用性对提升学习积极性和参与互动度起到积极促进作用。当学生意识到采用混合式学习方式能够改善或提升自己，体会到所学内容、方法的有用性，在创新思维、协同合作、解决问题能力等方面有所提高时，便体现了感知有用性对混合式学习学生接受度的影响作用，也即提升了学习效果。通过以上综述和分析，可以假设：

假设 2：感知有用性与学生接受度正相关。

4.1.3 学习气氛与学生接受度关系假设

学习气氛是根据学生身心发展的需要而建立起来的一种教书育人的学习环境，能够潜移默化地影响学生的思维方式和行为习惯。混合式学习气氛包括线上学习气氛和线下学习气氛两个方面。良好的学习氛围能够激励学生勤奋向上，保证“教”与“学”的高效运转，提高学习效率。借助于互联网和信息化技术的混合式学习与传统的面对面学习的教学方式不同，混合式学习使得按需学习、自主学习、即时学习成为可能。普列托（Prieto，2006）认为学习氛围应该从物质环境与精神环境两个方面来研究。传统的面对面教学形式为大堂授课，学习活动集中在单一的教室讲授，而混合式学习却有根本性的不同，它需要被设计为不同类型的个性化学习空间，保证学习互动的连贯性，授课教师的个人魅力在课堂气氛方面发挥了至关重要的作用（Chen，2007）。谢尔（Sher，2009）认为协作互助可以提高混合式学习学生的接受度，鼓励共享学习经验，建立学生的团队协作意识对提高学生的接受度具有正向作用。坦尼森仕（Teimyson，2012）认为学生与学生之间、师生之间的信任、协作、分享、讨论和鼓励能够激发学生潜在的学习兴趣，无论是“线上”还是“线下”学习，学习氛围都是一种特殊的生存环境，营造健康和谐的学习氛围能促进思想、观点、信息和知识的交流。通过以上综述和分析，可以假设：

假设 3：学习氛围与学生接受度正相关。

4.1.4 交互行为与学生接受度关系假设

皮恰诺（Picciano，2002）认为，引入信息技术的混合式学习，比面对面学习在师生互动方面具有更高的要求，教师鼓励学生积极进行探究性学习，引导学生参与“线下”与“线上”的讨论，最大限度地激发学生的潜能。斯诺（Small，2012）认为，教师在教学过程中是灵魂，被视为专家，具有权威性，这种师生互动对学生接受度具有正面影响。谢尔（Sher，2009）强调，师生互动对学生接受度起到至关重要的作用，师生间相互信任、心理相容，教与学就容易沉浸在愉快的气氛中，师生互动是自然而且深入的，学生的学习风格和学习习惯决定了教学互动设计的思路。通过以上综述和分析，可以假设：

假设 4：互动行为与学生接受度正相关。

4.1.5 学生接受度与学习效果关系假设

奥利弗（Olivesf，1981）认为，接受度是指使用者的需求被满足后的一种心理状态，是期望与实际体验后感受的对比关系。皮尔逊（Pearson，2010）认为接受度是使用者对影响接受度的各种情感因素、心理因素、环境因素、态度因素等的整体对比评价。本书将接受度定义为学生在体验混合式学习方式后，对采纳该种学习方式的综合性评价。罗加（Rocay，2008）研究证明接受度是影响学习效率的重要因素。通过以上综述和分析，可以假设：

假设 5：混合式学习接受度与学习效果正相关。

4.1.6 学习背景的调节作用与学生接受度关系假设

学习背景包括学习者接触混合式学习的经历、使用互联网信息技术的能力等，与学习者自身的能力正相关，它能够成为接受度变化的调节变量，对混合式学习环境下的学生学习效果产生显著影响（李宝，2016）。学习背景较丰富的学生，在感知易用性方面具有优势，更容易采纳混合式学习方法实现知识的获取与探索，对混合式学习接受程度较高；而学习背景较缺乏的学生，在学习气氛方面，可能更容易受活跃的线下线上学习气氛的影响，收获更多正向的学习体验，提高混合式学习的接受度。通过以上综述和分析，可以假设：

假设 6：学习背景对学生接受度具有调节作用。

综上所述，混合式学习影响因素的研究框架模型如图 4-1 所示。

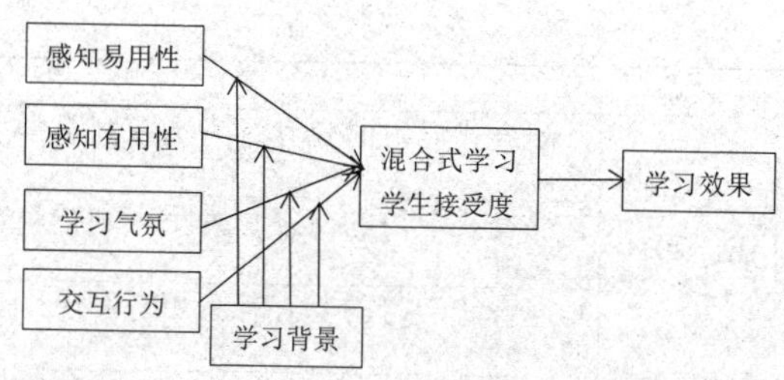

图 4-1　混合式学习影响因素的理论框架模型

4.2 混合式学习影响因素的测定方法

4.2.1 变量测量

本书采用封闭式问卷设计，使用 Likert5 评分法对变量进行测量。为保证调查问卷的信度与效度，测量变量是在已有参考文献基础上，针对混合式学习的特征稍做修改调整。针对前文所设定的感知易用性、感知有用性、学习气氛、交互行为、学习接受度、学习效果和学习背景 7 个方面，共设计了 24 个题项，通过专家调查访谈，去掉载荷因子小于 0.50 的题项后，对余下的 22 个题项再进一步进行研究分析，各变量来源及题项如表 4-1 所示。

表 4-1　混合式学习影响因素测量变量及题项

变量	来源	题项
感知易用性	Wu，2013	1. 混合式学习平台操作简单
		2. 混合式学习用更少的时间，获取更多的知识
		3. 混合式学习比传统学习获取知识更快捷
感知有用性	MeGill，2014	1. 混合式学习能够获取最新、最丰富的知识
		2. 混合式学习能够满足学生个性化的学习需求
		3. 混合式学习方式更有利于知识的理解与掌握
		4. 混合式学习方式更有利于提升自我
学习气氛	Sher，2009	1. 混合式学习的线下课题气氛有助于知识的理解与掌握
		2. 混合式学习的线上互动讨论有助于知识的理解与掌握

续表

变量	来源	题项
交互行为	Ali，2011	1. 混合式学习的交互行为更有利于学生之间分享协作
		2. 混合式学习的交互行为更有利于教师与学生的交流
		3. 混合式学习的交互行为更有利于学生与平台的互动
学习接受度	Rocawear，2008	1. 我（不喜欢—喜欢）使用混合式学习
		2. 使用混合式学习我感觉（差—好）
		3. 采用混合式学习感觉对我（不利—有益）
		4. 采用混合式学习感觉对我的吸引力（弱—强）
学习效果	McGill，2009	1. 团队协作能力
		2. 创新能力
		3. 解决问题能力
学习背景	LI，2016	1. 我使用信息技术的水平高
		2. 我接触混合式学习很长时间
		3. 我使用混合式学习平台很频繁

4.2.2 研究对象与数据收集

本书采用定量研究设计，研究对象为国内某高校学生，课程采用混合式学习方式，线下面对面课程授课，线上运用开放教学平台，平台使用教材与线下任课教师使用教材一致。研究共发放调查问卷219份，收回调查问卷212份，排除填写不完整和回答错误的无效问卷后，最后共获得有效问卷203份，有效率为92%，符合测试要求。

4.3 混合式学习影响因素的测定与分析

4.3.1 测量评估

本书采用AMOS 22.0进行验证性因子分析，所有Cronbach's α 值和CR均大于0.75，表明信度较好，具有较高的内部一致性，分析结果如表4-2所示。RMSEA与SRMR都小于临界值0.08，GFI、AGFI、NFI、CFI都大于临界值0.9，2/d*f*<2，说明本书所建立的模型具有良好的拟合优度。此外，各个变量的标准因子载荷在0.681～0.876之间，*t*值远大于临界值，载荷因子均显著，说明本书所建立的概念模型和调查问卷具有良好的收敛效度。采用Harman’s单因子检验，5个因素累积方差贡献率达到82.45%，最大单因素方差贡献率达到22.31%，因此本书无须考虑共同方法变异问题。

表 4-2　模型测量属性值

变量	题项	标准因子载荷	*t* 值	*CR*	Cronbach’s α
感知易用性	1	0.785	16.784	0.791	0.790
	2	0.763	16.615		
	3	0.681	14.543		
感知有用性	1	0.789	18.004	0.819	0.816
	2	0.821	17.905		
	3	0.788	15.613		
	4	0.791	15.982		
学习气氛	1	0.732	14.987	0.789	0.796
	2	0.767	16.346		
交互行为	1	0.806	17.683	0.819	0.816
	2	0.876	18.786		
	3	0.768	15.897		
学习接受度	1	0.796	18.987	0.892	0.894
	2	0.765	18.273		
	3	0.807	17.435		
	4	0.789	17.573		
学习效果	1	0.871	15.096	0.874	0.838
	2	0.870	19.374		
	3	0.783	17.281		
学习背景	1	0.786	15.941	0.841	0.826
	2	0.876	18.981		
	3	0.794	18.010		

对于判别效度的检验，如表 4-3 所示。各变量的相关系数在 0.317~0.865 之间，并且每一个相关系数标准差均不包含

1.0，表明区分效度得到验证。

表 4-3　变量间相关系数和区分效度

序号	变量	1	2	3	4	5	6	7
1	感知易用性	1						
2	感知有用性	0.367*** （0.051）	1					
3	学习气氛	0.349*** （0.049）	0.379*** （0.047）	1				
4	交互行为	0.456*** （0.042）	0.431*** （0.045）	0.549*** （0.036）	1			
5	学习接受度	0.549*** （0.039）	0.445*** （0.047）	0.509*** （0.039）	0.499*** （0.037）	1		
6	学习效果	0.521*** （0.041）	0.435*** （0.047）	0.499*** （0.041）	0.528*** （0.047）	0.845*** （0.027）	1	
7	学习背景	0.441*** （0.048）	0.335*** （0.052）	0.339*** （0.051）	0.328*** （0.056）	0.315*** （0.048）	0.321*** （0.056）	1

注：*、**、*** 分别表示 $p \leqslant 0.05$、$p \leqslant 0.01$、$p \leqslant 0.001$；括号内的数据为相关系数的标准误差。

4.3.2 路径效应检验

本书的关系路径采用 AMOS 22.0 进行分析，表 4-4 给出了路径效应检验结果。

表 4-4　假设关系路径效应检验结果

假设	路径	标准化路径系数	t 值	p 值	结论
H1	感知易用性→学习接受度	0.398	6.891	***	成立
H2	感知有用性→学习接受度	0.121	2.197	*	成立
H3	学习气氛→学习接受度	0.287	5.249	***	成立
H4	交互行为→学习接受度	0.387	5.735	***	成立
H5	学习接受度→学习效果	0.901	13.635	***	成立

注：*、**、*** 分别表示 $p \leqslant 0.05$、$p \leqslant 0.01$、$p \leqslant 0.001$。

由表 4-4 可以发现，感知易用性、感知有用性、学习气氛和交互行为四个方面对学生接受度均有显著的正向影响（$p<0.05$），因此假设 1 到假设 4 全部都是成立的。混合式学习的接受度对学习效果的影响也是正向显著影响，假设 5 也成立。

4.3.3 调节效应检验

假设 6 涉及的学习背景对混合式学习接受度的调节作用，采用多群组因果分析法进行研究，研究过程分为四个阶段。

第一阶段，对调节变量的取值排序后平分，从而得到调节变量取值高和低两组子样本（丰富 / 缺乏）；

第二阶段，将上述两组子样本路径模型的全部路径系数定义为自由估计，从而将得到的拟合模型作为无约束模型；

第三阶段，将所有可能受到调节的路径的系数在组间限制为恒等，对两组子样本的路径模型分为四次（感知易用性→学习接受度、感知有用性→学习接受度、学习气氛→学习接受度、交互行为→学习接受度）进行估计，从而将得到的拟合模型作为约束模型；

第四阶段，对第二和第三阶段建立的约束和无约束模型进行卡方差异性检验，对比无约束模型，假设约束模型单位自由度的增加而导致卡方值的增加具有显著性，则可以认为学习背景对该模型中设置为恒等的路径有调节作用。

由表 4-5 可以发现，尽管学习背景丰富的学生对比学习背景缺乏的学生，在感知有用性和交互行为方面对混合式学习的接受度的影响更强（丰富学习背景组的路径系数分别为 0.331 和 0.147，缺乏学习背景的组分别为 0.311 和 0.121），但是，约束模型和无约束模型之间的卡方差异性并不显著。此外，由表 4-5 还可以发现，在具有丰富学习背景的学生中，学习气氛对混合式学习的接受度影响最强（路径系数为 0.417），并且卡方差异性检验具有显著性差异（$\Delta\chi^2$=8.543，Δdf=1）；在学习背景缺乏的学生中，感知易用性对混合式学习接受度的影响更强（路径系数为 0.329），卡方差异性检验具有显著性差异（$\Delta\chi^2$=5.012，Δdf=1）。以上表明，学习背景能够调节感知易用性和学习气氛对混合式学习接受度的影响。因此，学习背景对混合式学习接受度和学习效果具有明显的调节作用，假设 6 成立。

表 4-5　调节效应检验结果

路径	学习背景 标准化路径系数（t 值）		$\Delta\chi^2$
	缺乏	丰富	
感知易用性→学习接受度	0.329***（4.101）	0.105***	5.012*
感知有用性→学习接受度	0.311***（3.398）	0.331***	0.794
学习气氛→学习接受度	0.238**（2.989）	0.417***	8.543**
交互行为→学习接受度	0.121*（2.016）	0.147*	0.201

4.3.4 影响因素作用强度分析

选取 100 个样本数据，运用以上结构方程模型计算得到各个影响因素的权重值，分别实施计算求解得到各个影响因素的相对作用强度最大的模拟值。比较实际测量值与模拟计算值，从而得到误差值。分析误差值发现，误差比例都小于 5%，据此表明，本书应用结构方程模型进行混合式学习接受度作用效果分析得到的各个影响因素的作用强度值是完全可信的。由结构方程模型计算得到的各影响因素作用强度如表 4-6 所示。

表 4-6　影响因素作用强度

影响因素	计算所得作用强度	相对作用强度
感知易用性	0.365	0.962
感知有用性	0.231	0.791
学习气氛	0.258	0.861
交互行为	0.146	0.896

根据表 4-6 可知，4 个影响因素对混合式学习接受度的作用强度：感知易用性作用强度最大，为 0.962；交互行为作用强度次之，为 0.896；学习气氛作用强度为 0.861；感知有用性作用强度相对最小，为 0.791。

4.4 混合式学习影响因素的测定结果

本书从学习者的视角，探索了影响混合式学习效果的因素，验证了学习背景的调节作用，得到如下结论：

首先，在混合式学习中，感知易用性、感知有用性、学习气氛和交互行为四个方面与混合式学习学生接受度呈正相关。混合式学习平台便捷易用，传递的知识能够让学生感受到学有所用，线上线下课程被精心设计，线上线下学习气氛活跃，教师与学生之间平台交互协作无障碍等都会对混合式学习的接受度有着显著的正向影响。

其次，学生对混合式学习的接受度与混合式学习效果正相关。混合式学习力求将互联网在线学习技术融入传统的教学课堂，成为优化教学效果的有力措施，大大地提高了学生学习的参与度与灵活度，使得学生接受度显著正向影响学习效果，为教师提供了一个重新思考教学方式、优化教学实践的机会。

最后，学习背景显著调节感知易用性和学习气氛与混合式学习接受度之间的关系，而在感知有用性和交互行为方面，学习背景并没有起到显著调节作用。对于学习背景缺乏的学生，感知易用性对混合式学习接受度的影响程度最大，这说明，平台的人性化设计可以改善那些学习经历较浅、信息技术能力较低的学生对混合式学习的接受度。对于学习背景丰富的学生，学习气氛对混合式学习接受度的影响程度最大，也就是说，学习气氛更能改善那些熟练掌握互联网技术、学习经验丰富的学生对混合式学习的接受度。因此，对于不同学习背景的学生，影响其接受度的机制是不同的。

4.5 本章小结

本书将学习背景引入到混合式学习接受度的研究中，探索感知易用性、感知有用性、学习气氛和交互行为对混合式学习接受度的影响，以及学习背景的调节作用。以前期问卷调查数据为依据，构建理论模型并进行假设检验。研究表明，感知易用性、感知有用性、学习气氛和交互行为显著正向影响学生接受度，并且，这 4 个方面通过学生接受度正向显著地影响混合式学习效果；学习背景显著正向调节感知易用性和学习气氛与混合式学习接受度之间的关系，而在感知有用性和交互行为方面，学习背景并没有起到显著调节作用；对于学习背景缺乏的学生，感知易用性对混合式学习接受度的影响程度最大，而对于学习背景丰富的学生，学习气氛对混合式学习接受度的影响程度最大。基于此，为了更好地提高混合式学习学生接受度，在实际教学设计中，应从学生接受混合式学习的动机出发，提升学生在进行混合式学习时所感知的效用和价值。

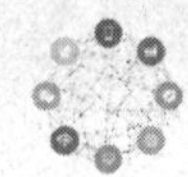

第5章　混合式学习的教学设计与实验分析

混合式学习的成功实施，离不开高效的学习平台和科学的教学设计。混合式学习要在教师的统一指导下，通过混合式学习平台来完成学习任务，实现预定的教学目标。它既包含了传统课堂的面对面学习，又包含了学生独立在MOOC平台上完成学习任务的学习过程，是面对面学习和在线学习的有机结合。混合式学习中的在线学习部分虽然依托了MOOC平台，但总体上看，混合式学习在课程开放性、学生规模、课程完成率、学习体验、学习过程与师生互动等诸多方面都与MOOC存在不同（杜世纯，2016）。例如，MOOC是面向全球学习者的大规模免费学习课程，而混合式学习是面向在校学生的小规模课程；MOOC解决了优质学习资源在全球范围内的普及问题，但完成率较低。混合式学习只针对在校学生，学生规模较小，有较高的课程完成率和沉浸式的学习体验；MOOC在学习过程中需要学习者自我约束，需要较高的学习自觉性和自律性，否则极易受到互联网上杂乱信息的干扰。混合式学习进度一般由教师统一安排，学习过程由浅至深，学习者不易受到其他因素的干扰；在师生互动方面，MOOC的授课教师无法面对庞大的学习群体，只能通过网上留言或论坛进行集体答疑。混合式学习在师生互动方面几乎和传统课堂教学一样，师生之间的交流可以做到一对一、面对面（杜世纯，2016）。因此，混合式学习在高校进行开展和推广具有更好的条件。

5.1 混合式学习的教学目标

混合式学习教学目标是混合式学习教学活动实施的方向和预期达到的效果，是混合式学习教学活动的出发点和落脚点。混合式学习的教学目标是促进学习者个性化学习的养成，培养学习者的探究学习能力、自主学习能力和协同学习能力，增强学习者的学习意愿，提升学习质量和学习效果。混合式学习教学目标关注学习者的整个学习过程和学习感受，以学习能力的培养为核心，而不是仅仅追求学习成绩和学习结果，它的实现需要科学的教学设计。

5.2 混合式学习的教学设计

混合式学习教学设计指的是在现代教育教学理论指导下，借鉴和利用 MOOC 平台的优势及特点，把在线学习和传统课堂教学有机结合而建立起来的较为稳定的教学活动结构框架。混合式学习的设计，要遵循指向性明确、操作性简易、较好的完整性和稳定性等原则。在混合式学习教学设计中，学生及其学习评价一直处于核心地位，它对教学过程中的其他因素起着决定性作用。换句话说，混合式学习教学设计不同于以教师为核心的传统教学模式，也不同于以互联网课程资源为核心的在线学习模式，它以学生为中心，所有的课程安排、教学方法、讨论、练习、测试、学习评价等都与学生学习效果和效率

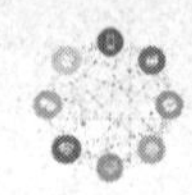

最优化的教学目标是一致的，具有极强的内在统一性。在混合式学习教学设计中，教师的角色发生了改变，教师的主要作用不再是知识的灌输者或传授者，而是知识的梳理者和学习的引导者。学生的课程学习主要依托混合式学习平台开展，学习过程由学生自主掌握，教师把握学习进度和考试评价（杜世纯，2016）。混合式学习教学设计结构如图 5-1 所示。

混合式学习教学设计充分重视教师在教学中的主体作用，由教师为学生选定在线视频课程，并规定相应的在线学习时间和学习进度；学生按照教师要求在线观看混合式学习平台上的教学视频，并进行在线练习、测试和学习交流；视频课程学习结束后，教师在课堂上主导问题的研讨、课程实践、知识升华、练习测验和考试评价等。混合式学习教学设计在教师的主导下把传统课堂面对面学习方式和在线学习方式结合在一起，优化了单一的学习环境，丰富了学习内容，提升了学习质量。混合式学习平台上的自动评分和监测功能，能客观、公正、及时地评价学生的学习效果，在提高学生学习效率和学习积极性上有传统课堂无法逾越的优势。混合式学习教学设计是一种全新的教学模式，是 MOOC 与传统课堂教学的有机结合，是教学设计主动适应互联网时代学习方式变革的积极探索。

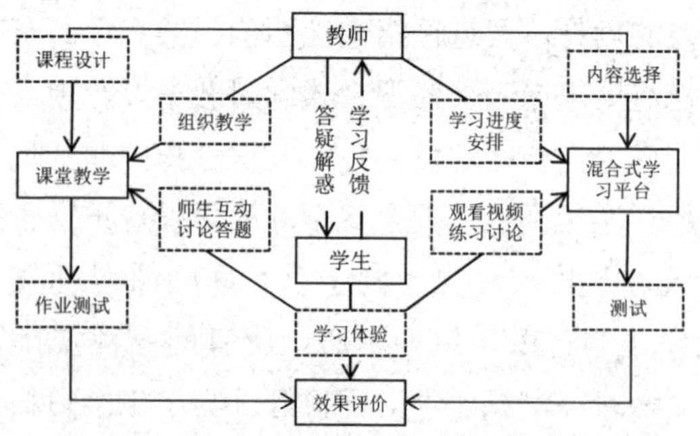

图 5-1　混合式学习教学设计结构图

5.2.1 混合式学习的前期分析

混合式学习前期分析主要指任课教师对即将开展的混合式学习课程的前期基本情况的评价与分析，包括学习环境分析、学习需求分析、学习内容分析和学习者特征分析四个方面。

1. 混合式学习环境分析

混合式学习环境由在线学习环境和面对面课堂学习环境构成，在线学习环境又分为硬件和软件两个方面，硬件如网络设施建设、宽带、服务器等，软件包括课程录制、交互工具的便捷性、学习分析程序、程序设计自动评判等；课堂学习环境主要指教室的设置和多媒体设备的配备。混合式学习的桌椅一般设计成圆桌会议型桌椅，这种课堂环境的设计有别于以往的课堂设计，主要为学生的讨论交流创造便利条件。

2. 混合式学习需求分析

混合式学习需求主要是指教师在开展混合式学习前，对学生学习动机和学习目的的掌握。可采用问卷和访谈的方法，对学生学习需求进行了解。混合式学习并不轻松，很多学生采用网上学习的最初目的就是希望能轻松学习或者娱乐式学习，其实这种想法是不现实的。通过学习需求分析，让学生在混合式学习开展前就持有一个正确的学习态度，对提升学习效果有至关重要的作用。

3. 混合式学习内容分析

一般来讲，学习内容指的是学习者通过系统的学习后，达到了预定的学习目标，掌握了相关经验与知识，提升了个人能力。学习内容的分析，要掌握学习者对经验与知识的具体要求、知识掌握的程度和学习效果的预定目标。学习内容分析一般设定在整个教学过程的前端，是混合式学习教学设计中不可缺少的内容，它可以构成一个独立模块，也可以分成若干个模块组合而成。学习内容分析能够明确学习内容、安排学习进度、确定学习目标以及明确学习任务等。

4. 混合式学习者特征分析

学习者特征分析的目的是了解学生的学习规律和学习习惯，掌握学生的心理症状和青春期特点，从全面发展的角度进行学习干预。从《大学生混合式学习问卷调查》中可以看出，当代大学生的思维意识普遍具有较强的抽象性和逻辑性，有独立思考问题和个性化学习的客观要求。进行学习者特征分析，有助于掌握学习者的学习特点和学习风格，发现学习过程中存在的问题，帮助学习者培养自我学习和探究学习的能力。

5.2.2 混合式学习的学习活动设计

混合式学习活动设计主要包括课程导入、组织学习、学习支持三个环节。

1. 课程导入

课程导入一般发生在课前阶段，学生在教师的指导下，利用混合式学习平台观看课程视频，进行以自我学习为主的学习活动。课程导入环节的主要作用是导入问题，课前教师提供的预习清单和混合式学习平台提供的课程视频简介作为重要的学习资源，起到了重要的导学作用。学生在课前阶段通过观看课程视频，实现了学习前移，不仅对后阶段的学习进行了知识储备和预习，还将自己对课程内容的理解与思考带入后期的学习中，有利于个性化学习和深度学习的养成。学生还可利用混合式学习平台讨论区和留言板等交互工具迅速组建讨论交流小组，对相关知识进行交流，充分表达自己的认识和理解。学生利用教师提供的预习清单和混合式学习平台提供的课程视频简介，实现了被动学习向主动学习的转变、浅层学习向深度学习的转变，使知识学习过程变得更加顺畅。

2. 组织学习

组织学习一般发生在课中阶段，教师与学生、学生与学生之间就课程学习中出现的问题或疑惑开展学习讨论、集体答疑、小组协作等学习活动。组织学习环节的主要作用是解决学习者在视频课程学习中存在的疑惑和问题。通过教师与学生之间的交流讨论，对知识的重点和难点进行新的梳理和认识，使学习者深度学习和掌握，从而达到预定学习目标和教学任务的要求。在混合式学习中，一般采用传统课堂面对面的学习方式来完成组织学习环节的任务，因为面对面学习方式的深度互动能使师生之间交流得更深入。混合式学习平台记录了学生在课前课程导入阶段的学习情况，教师根据平台上的记录和数据可掌握学生对课程知识学习的进展和疑难问题，为后阶段的答疑和学习干预提供了参考数据和策略。虽然组织学习阶段以传统的面对面学习方式开展，但混合式学习平台的技术支持依旧起到重要作用，它为学习者的自主学习提供条件，如在《C ++程序设计》的课程学习中，学生可以通过混合式学习平台的程序在线自动评判功能，判断自己提交的程序设计是否正确，进而不断完善，提高程序设计能力，从而达到人工评判所达不到的效率和效果。

3. 学习支持

学习支持一般在课中和课后阶段，主要是通过在线测试、课堂考试、课程作业等方式对所学知识进行巩固的学习活动。

学习支持环节的主要作用是对知识的深化理解和巩固。在学习支持阶段，教师利用混合式学习平台的作业评测模块，把学生提交的课后作业进行及时检测，并在平台上反馈给学生。学生能够第一时间看到自己的作业情况，并根据存在的问题进行修正或更改，优化了学习效果，提升了学习质量。知识的理解与巩固是学习者知识内化的过程，混合式学习重视学生对所学知识的反思和检验，通过交流、讨论、练习、作业和测试，巩固所学知识，提高学习质量。

5.2.3 混合式学习的教学管理设计

混合式学习的教学管理设计是根据目前我国高校学生数量大、专业多、课程多、培养目标又相对单一的复杂情况提出的。依靠混合式学习平台，可以帮助教师掌握每个学生的学习情况，从根本上提升教学管理工作的质量。混合式学习平台教学管理设计包括课程管理、视频录入管理、学习组织管理、试题库、讨论区等内容，教师和教育管理者可以随时查看学习进度，随时掌握学习状态，可以动态评价学习效果，在发挥教师主导作用的同时又充分调动学生学习的主动性和积极性。混合式学习平台把教学团队、学习小组、班级等不同学习类型组织融合到一起，实现了教师与学生、学生与学生、教学团队与班级之间的知识交流与共享，丰富了教育资源，提升了教学效率和教学质量，为学校整体育人水平的提高打下坚实基础。

5.2.4 混合式学习的学习方法设计

基于混合式学习平台的教学设计的整体理念是培养学生

学习的自主性、积极性和创造性，因此，混合式学习教学方法设计上要强调自主学习和团队协作学习能力的培养。混合式学习是以学习者为中心的教育范式，这就要求学生在学习方法上注重自我学习，鼓励独立思考，倡导由以主题为中心的学习向以任务为中心的学习转变。混合式学习平台为自主学习和团队协作学习开展提供了空间，学生可以在课前完成视频课程的学习，可以利用平台的自测功能完成练习，可以利用学生跟踪功能了解自己的学习风格和学习特点，也可以利用平台上的交互工具开展深度学习和团队协作学习。同时，混合式学习平台也为教师指导学生学习提供了便利，教师可以为学生提供优质的视频课程，引导学生查阅课程资料，根据混合式学习平台的学习记录和考试成绩，对学生学习进行及时、有效的评价，帮助学生树立积极的学习态度和坚定的学习信心，激发学生的学习兴趣和学习动机，提高学习成绩，最终实现学生个体的全面发展。

5.2.5 混合式学习的教室座位设计

混合式学习教学活动的顺利开展需要对教室空间进行重构，允许灵活的座位布局变化来配合混合式学习教学活动。混合式学习教室空间具有多元化和灵活性特点，一方面要支持学生进行在线学习，使学生可以安全、灵活地使用智能手机、笔记本电脑等移动终端，及时进行学习资源的获取、传递和分享；另一方面要有利于教师在教学活动中的主导作用，便于教学活动的组织和师生之间的交流。传统面对面课堂学习的座位安排如图 5-2 所示，这种安排的缺陷是过于强调了以教师为中心的教学方式，不利于学生之间的互动以及电子设备的使用。新型的混合式学习教室空间如图 5-3 所示，教师与学生之间呈马蹄形，拉近了教师与学生之间的距离，不仅有利于教师对学生的辅导，而且可变的座位易于两人讨论，或四五人小组讨论，有利于学生开展自学和团队协作学习能力的培养。

图 5-2　传统面对面学习教室布局

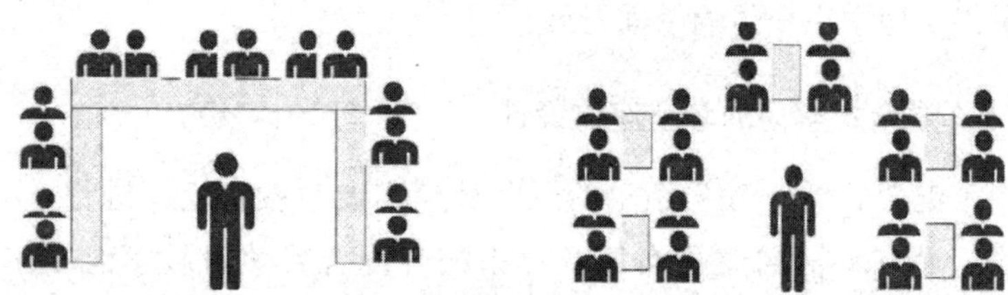

图 5-3　混合式学习马蹄形教室布局

5.3 混合式学习平台的设计理念与构想

混合式学习融合了"线下"面对面学习和"线上"在线学习的优势，既是强项联合，又是优势互补。混合式学习的实现不能依靠现有的 MOOC 平台，需要重新设计和打造具有全新理念的在线学习平台。

5.3.1 混合式学习平台的设计理念

1. 以学习者为中心

混合式学习是以学习者为中心的教育范式，关注个性化学习和学习的全过程，混合式学习平台设计要充分体现以学习者为中心的设计理念，全面促进在线学习与面对面学习的有机融合，彻底改变传统课堂教学流程，给学习者以全新的学习体验。混合式学习平台充分发挥了互联网和信息技术的特点，将教师在课堂上的讲授录制成视频资料，并在教师的指导下进行观看学习，同时辅以相关的在线测试和章节练习。这种学习方式给课堂学习留出充裕的时间，学生和教师、学生和学生之间可以开展充分的讨论和小组协作学习活动，培养学生的协作学习和探究学习能力。

2. 强化自主学习

混合式学习平台的设计要贯彻自主学习的理念，尽可能让学生在教师的指导下，自主掌握控制学习进度、学习内容和学习时间。教学视频的录制一般要控制在 15 分钟左右，主题明确、教学内容集中，学生可以随时回顾课程视频，自由浏览播放。同时，学生还可以在混合式学习平台上灵活选择学习的时间、地点和进度以满足其个性化的学习需求，培养自主学习能力。

3. 重视教师的价值

事实上，在一般 MOOC 平台中，学习者往往关注课程内容、交互技术以及其他学习资源，教师的真正价值是被忽视的。在 MOOC 学习中，教师把课程视频录制好后，就会停留在修改和完善平台技术环节，而对知识本身和学习者几乎没有深度交流。混合式学习平台的设计要充分发挥教师的作用，此时教师的作用已经转变为学习活动的设计者、学习过程的促进者和学生的心理辅导员。MOOC 技术是来协助教师完成教师对学生的指导、照顾和鼓励的，同时也协助教师将更多的时间和精力用于价值更高的教育教学活动中。例如，学生可以在混合式学习平台上完成章节或单元自我测试，对学习效果进行简单的自我评价，从而减少了教师的工作量和时间，让教师在面对面的交流讨论环节或者一对一的辅导环节上投入更多的精力和时间。

4. 大数据分析理念

混合式学习平台要充分利用大数据分析理念，对学习者进行学习的全过程跟踪。在混合式学习平台上，学习者的学习进度、学习状态、掌握程度都被记录下来，数据分析功能可在最短时间内分析出学习者的各种学习行为和学习状态，如学习路径、学习习惯和学习风格等，有助于教师了解掌握学习者预定学习任务的完成情况，清晰地发现问题所在，为教师的后期教育和干预提供了准确的目标，可以让教育有的放矢，也是学习评价的重要参考。

5.3.2 混合式学习平台的两种类型

混合式学习平台的设计与开发一般是由高校教师团队主导的，团队成员有任课教师、助教和在线课程建设的技术人员。笔者根据国内外混合式学习平台建设的文献资料和自身的实验研究经验，把目前混合式学习平台开发模式归纳为两种，即引入型和创新型。

1. 引入型混合式学习平台

根据混合式学习的理念和要求，以学校教育主管部门和教师为主导，根据学生实际学习需求和课程特点，构建引入型混合式学习平台。引入型混合式学习平台是把现有 MOOC 平台上的优秀课程资源引入到混合式学习中，教师安排学生在课前或者课堂上观看、学习优质的 MOOC 课程，然后再组织学生进行讨论、答疑和练习。引入型混合式学习平台节省了教师制作课程视频的精力与财力，在已有的 MOOC 中选择教学内容优秀、师资一流、课程设计合理的课程作为引入型混合式学习平台的课程资源，降低了教学成本，提升了教学质量。选定 MOOC 课程后，教师根据课程培养目标和进度要求，以班级为单位进行面对面的课堂学习和交流、讨论，并对 MOOC 学习情况进行学习跟踪和记录，发挥了平台优势，也为学习效果的评价做好充分的准备。引入型混合式学习平台也可以利用、吸收高校现有的精品开放课程，利用好国内已有的优质教育资源。根据教学实际需求，引入型混合式学习平台可以随时调整课程结构、运行方案和评价方式，也可以对照现有较为成熟的 MOOC 平台模式，按照教学要求把视频课程分解为若干个子模块，明确各个子模块课程的学习目标和教学任务，然后根据课时要求分阶段地去完成。充分地开发和利用国家精品开放课程，使优质的课程资源在使用中体现出自身价值，是国家精品在线开放课程可持续发展的必经之路。国家精品在线开放课程覆盖面广、种类齐全、制作精良，是混合式学习平台的重要课程资源。引入型混合式学习平台结构如图 5-4 所示。

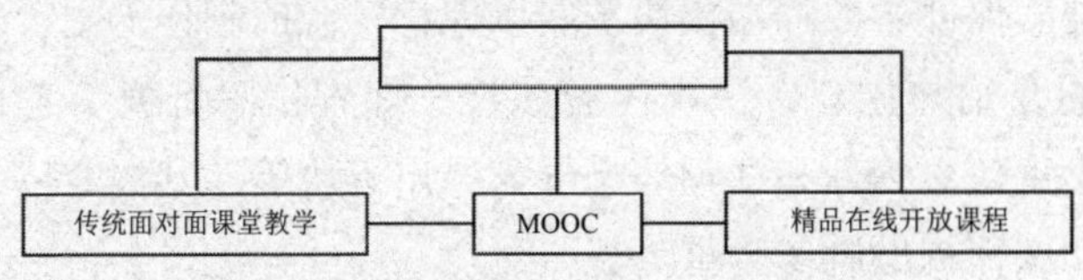

图 5-4　引入型混合式学习平台结构图

2. 创新型混合式学习平台

创新型混合式学习平台是在 MOOC 的基础上全新打造的混合式学习平台，能够融合“线上”学习和“线下”学习的优势，真正实现以学习者为中心，促进个性化学习习惯养成的全新学习平台。创新型混合式学习平台学习了 MOOC 的技术优势，保留了教师在混合式教学过程中指导学习、帮助鼓励学生的重要作用。

创新型混合式学习平台一般由后台管理、教师端和学生端三个模块组成，结构如图 5-5 所示。

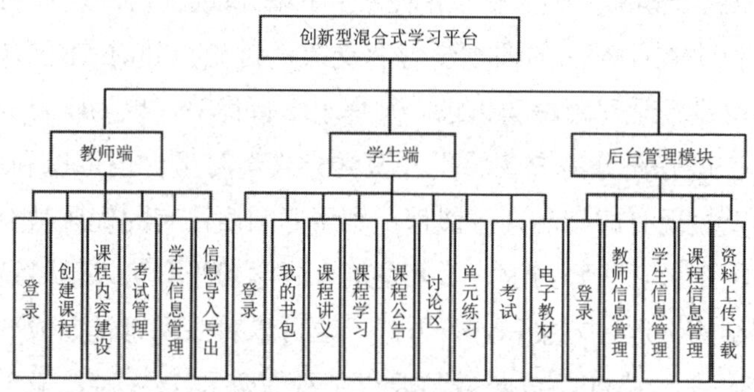

图 5-5 创新型混合式学习平台结构图

后台管理模块一般由教师信息管理、学生信息管理、课程信息管理和电子教材订单管理等模块组成，采用互联网大数据技术，对学生的学习过程进行跟踪记录，并将获取的数据信息进行动态分析，为教师对学生进行学习干预和学习效果评价提供一手资料和参考数据，是培养学生自主学习和探究学习能力的技术保证。教师端模块主要以课程资源的制作为主，包括课程的介绍与创建、课程内容建设、课程信息补充、考试管理、学生信息管理和课程信息导入导出模块等，其内容以课程创建和课程视频制作为重点。

一般情况下，创新型混合式学习平台的创建程序首先是课程开发教师根据实际教学需要，确定课程内容的开发方向，然后由教师团队负责录制课程视频，视频时长一般控制在15分钟左右，课程制作以微型化、碎片化为主，以方便学习者的自学和随时随地观看。课程视频的制作要重点突出、布局合理、知识要点清楚易懂、课程目标明晰，能够满足学习者自学和深度学习的要求，同时还要彰显授课教师的授课风格和教学特色。制作课程视频的难点在于如何把课程知识层次化、微型化，均匀分布于每一节视频课程中，这需要整个课程制作团队的智慧和经验。

学生端模块包括我的书包、课程讲义、课程学习、公告与课程资料下载、讨论区、考试题库、单元练习和电子教材等内容。创新型混合式学习平台学生端的设计，充分体现了以学生为中心的设计理念，倡导和支持自主学习和个性化学习的培养。我的书包模块为学生提供了与课程相关的所有知识资料的链接和资料库；在课程讲义模块中，学生可以随时下载教师的课程讲义，用来自学或复习；课程学习模块包含了课程的视频，可以随时随地学习和观看；公告与课程资料下载模块可为学生提供课程上线通知或考试通知、预习复习资料等与课程相关的学习内容；讨论区模块为学生提供了学习交流和讨论的平台，学生可以自建讨论区，或就某一问题设立交流平台，方便学生和教师、学生和学生之间的交流；考试模块为学生提供了在线考试题库和考试平台，并具有在线自动测评的功能；单元练习模块为学生提供了单元小测的练习和交流讨论题目；电子教材模块则为学生提供了电子版的课程教材，不仅节约了学习费用，还为学生的深度学习提供了必要条件。创新型混合式学习平台学生端的设计秉承以学生为中心的理念，便于随时随地的使用，有助于学习效率和教学质量的全面提升。

5.4 混合式学习平台案例分析

为适应互联网时代大学生对混合式学习的客观需求，真正实现“立德、树人、开智、增能”的人才培养目标，根据实际情况，设计和改造了现有的 MOOC 系统，将教、学、教学管理三方面的需求统一起来，打造了满足大学生时时可学、处处能学和人人乐学的在线学习要求，满足高等教育教学改革发展需要的创新型混合式学习平台——泛雅网络课程平台。从 2016 年开始，笔者有幸参加了泛雅网络课程平台的设计、开发、测试、运行等初期建设工作，泛雅网络课程平台是一个创新型混合式学习平台，其建设理念、平台技术和特色值得其他欲开展混合式学习教学改革的高校和教学工作者学习和参考。

5.4.1 泛雅网络课程平台的结构设计

泛雅网络课程平台始建于 2013 年，是基于 Linux 框架的 edX 源代码二次开发的创新型混合式学习平台。图 5-6 展示了创新型混合式学习平台——泛雅网络课程平台的功能结构。

该平台为了满足混合式学习需求，采用了 HTML6 的模式设计和 Python 开发语言，运用了 Internet 和 Intranet 技术，平台上架设的视频服务器的功能主要是存储教师录制的课程视频资源。泛雅网络课程在线学习平台还包括了应用服务器，主要功能是存储平台运行过程中产生的中间数据和运行信息；使用者包括教师、学生和其他用户，可利用个人电脑通过 Internet 网络接入网站进行课程学习、考试或学习资料下载。

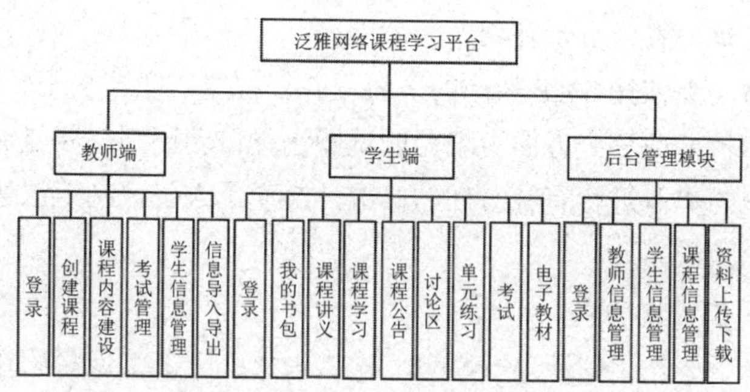

图 5-6　泛雅网络课程混合式学习平台

5.4.2 泛雅网络课程平台的主要特色功能

目前，泛雅网络课程平台上线课程有 80 余门，如图 5-7 所示。泛雅网络课程平台与一般的 MOOC 平台不同，不是单纯的在线学习和视频课程，而是通过网络技术、云技术，将教师的教学管理、课堂内容、学习跟踪、在线测试、学习反馈、师生互动、学习讨论、学习评价等环节完整地融合在一起，从而形成一种全新的学习模式——混合式学习。

泛雅网络课程平台以校内在校学生为第一使用对象，具有通用 MOOC 平台功能，并集成了在线考试和成绩管理系统。主要特色功能包括：试题在线自动评判、考试防抄袭、多媒体电子教材在线订阅、云书包、学习轨迹管理、协同笔记等。

图 5-7　泛雅网络课程平台

1. 试题在线自动评判

该功能依托SMP架构的多线程并行程序，能够从正确性、性能和扩展性三个方面对编写的试题进行自动评判，并能对学生提交的作业进行有针对性的修改，实现了人工评判无法达到的教学效果。

2. 考试防抄袭

平台采用ROST WebSpider算法实现，对学生提交的作业通过相似度来进行判定，让抄袭者无所遁形。防抄袭功能有益于督促学生自行完成作业，学习能力得到较好的提升。

3. 多媒体电子教材在线订阅

该功能能够帮助学生通过平台订阅各类电子教材和书籍，能开阔学生学习视野，降低学习成本。对于教师而言，也可以通过该功能上传自己的讲义，形成电子教材，方便教学和课程研究。

4. 虚拟云书包

该功能可以收集整理课程讲义、电子学习资料、考试试卷和作业等，可以帮助学生进行在线作业管理，撰写和发布自己的学习体会和查看自己的作业、考试、评价等功能，能够培养学生的自我管理和自我学习能力。

5. 学习轨迹管理

该功能是利用Java编写的服务端应用程序，对学生学习轨迹进行跟踪和记录，通过数据分析来了解学生的学习习惯和学习风格。学生学习轨迹管理是教师了解学习情况、对学生进行学习评价的重要参考工具，是教师实施学习干预的主要依据。

6. 协同笔记

该功能可以帮助学生记录课堂笔记、学习资料和储存资料。协同笔记支持上传任意文件，可以同步任何学习数据，相当于移动网盘。对于教师而言，学习笔记是学生学习资料的储存库，可以通过查看协同笔记来了解学生的学习进度和学习深度。

5.4.3 主要功能模块页面展示

1. 课程资料模块

教师进入到课程资料管理页面，如图 5-8 所示，可以添加章节、添加小节、添加新单元，以及浏览学生端课程。课程内容采用三级组织结构，每门课程的内容从上往下划分为章节、小节、单元三个层次。

VB程序设计 课程门户　首页　活动　统计　资料　通知　作业　考试　PBL　讨论　管理

课程资料 | 题库 |

请输入关键字　　+添加资料　新建文件夹

序号	文件名	上传者	大小	创建日期	操作
	VB课程		176KB	2017-02-20	
	江苏		157KB	2017-04-21	
	Visual		234KB	2017-04-21	

全选　批量删除　批量下载　批量移动

图 5-8　课程资料管理页面

2. 讨论组件模块

利用该模块，学生可以创建一个讨论空间。学生可以在讨论空间提出问题或是参与讨论，如图 5-9 所示。

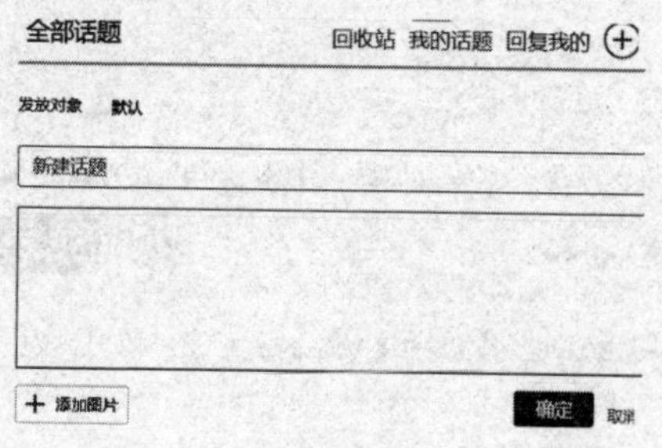

图 5-9　讨论区操作页面

3. 作业组件模块

该组件用于创建一个作业给学生，如图 5-10 所示。作业组件能够代替传统课堂面对面学习的提问环节。创建作业对应的小节、章节、单元名称编辑之后是不可以更改的，若更改某一小节、章节或是单元名称，那么下面对应的练习题将无法显示。教师也可以利用该组件修改已发布的习题，对于学生已经作答的习题，教师提交更改后，学生答案将自动重新评判，并更新学生成绩。

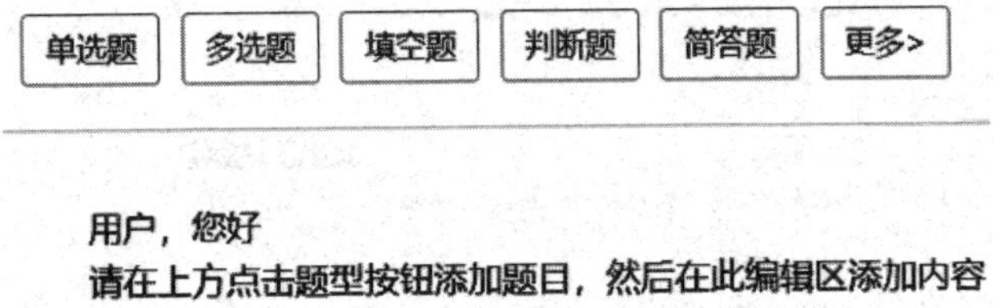

单选题 多选题 填空题 判断题 简答题 更多>

用户，您好

请在上方点击题型按钮添加题目，然后在此编辑区添加内容

图 5-10　添加单元作业页面

4. 视频组件模块

该模块将教师上传的视频课程自动添加到视频源，如图 5-11 所示。视频资源一般采用 MP4 格式，方便视频的录入和播放。平台专门配置了视频服务器用来管理视频文件。

图 5-11　视频加载页面

5. 课程公告模块

课程公告是教师与学生分享的公告或者是通知，它作为重要考试或者其他日期的提醒，在课程安排时间中修改，并告诉学生需要注意的重要步骤，如图 5-12 所示。

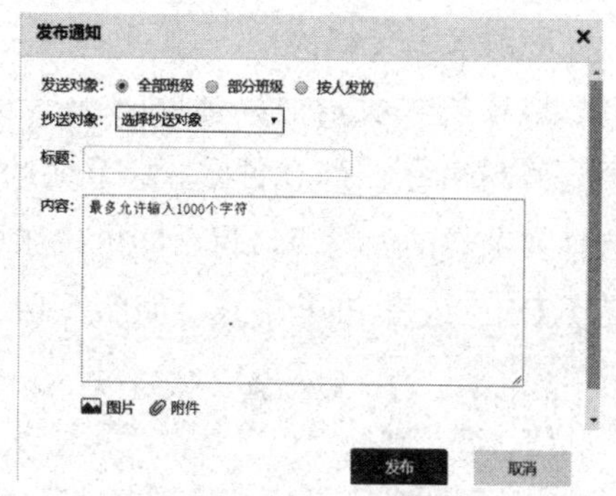

图 5-12　课程公告模块页面

6. 课程补充信息模块

课程补充信息是用来补充教师教学课件的页面，其他教师用此来分享教学大纲、日历、讲义等。添加的课程补充信息将和课件、课程信息、讨论等同排出现在学生端课程的主导航栏里。

7. 文件发布模块

文件发布是教师分享给学生供其下载课程资料的平台，教师通过此界面上传文件，学生可在课程资料下载专区中下载学习，如图 5-13 所示。

图 5-13　文件发布模块页面

8. 讲义上传模块

该模块一般是把教材拆成章节进行添加的，在该模块中填写教材名称、章节名称、章节地址，填写完之后点击上传，选择要上传的教材点击保存即可。注意，此处上传的文件可以是 WORD 或者 PDF 格式，如图 5-14 所示。

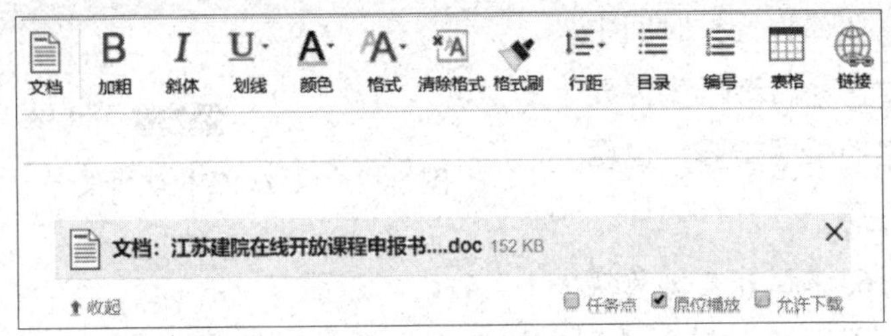

图 5-14　添加讲义页面

9. 试卷管理模块

该模块的功能是协助教师编制试卷和组织考试。具体包括试卷名称、考试开始时间、考试结束时间、各种题型的题目个数和分数等。教师端默认出卷类型是“随机”。学生端的每个学生的试卷是随机产生的，且每个人生成的试卷并不相同，如图 5-15 所示。

◉设置试卷结构　　◉选择试卷模板

试卷标题: 请输入4-40个字符

满　分: 100 分

随机组卷数量:

试卷难易度: 易

图 5-15　试卷列表页面

10. 成绩管理模块

该模块的功能是协助教师对学生的成绩进行评定，如图 5-16 所示。

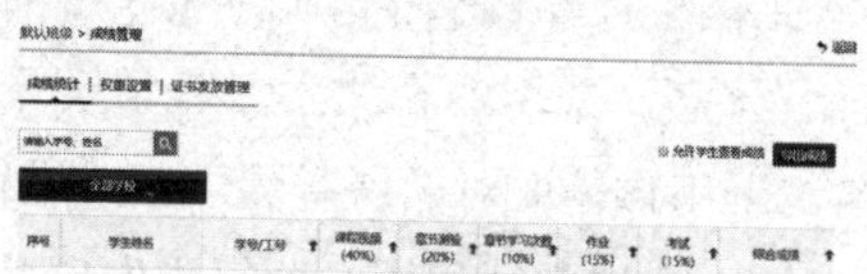

图 5-16　所有学生答题情况页面

例如，在考试成绩页面，点击“答卷详情”，可查看所有学生答题情况，再点击“详细”，可查看学生个人答题情况。教师可对学生主观题进行评判，在给出成绩之后，立即把主观题成绩加到学生的试卷总分当中，形成最终成绩。

11. 电子教材模块

该模块为学生提供各类电子教材，包括书名、所属类别、内容简介、价格等信息。教师也可以通过该模块上传自己的讲义，为学生随时查看提供方便。

5.5 引入型混合式学习平台教学实验

5.5.1 实验目的

通过对两组学生采用混合式学习教学模式和传统面对面课堂教学模式的教学实验对比，获取相关数据，并运用 SPSS 19.0 软件进行分析，探究混合式学习在实际教学中存在的问题。

5.5.2 实验方法

1. 实验样本

选取江苏省某高校计算机二年级同专业148名学生，随机分为两组，A组74名，采用混合式学习教学模式进行教学实验。B组74名，采用传统面对面课堂教学模式进行教学实验，两组授课内容相同、授课教师相同，两组学生男女性别比例基本平衡。

2. 实验材料

"概率论与数理统计"是研究随机现象及其数量规律的一门学科，也是目前我国各高校计算机专业必开的基础课程之一。本次实验的MOOC资源选取了"中国大学MOOC"平台上浙江大学张帼奋副教授开设的"概率论与数理统计"课程，本次参与教学实验的授课教师所使用的教材是由盛骤等编写的、由高等教育出版社出版的《概率论与数理统计》，此教材也是张帼奋副教授开设MOOC课程所使用的参考教材。

本次实验选取了"概率论与数理统计"课程中的第三章"二元随机变量及其分布"作为研究对象的学习内容，通过两组学生对同一学习内容采用不同教学模式进行学习的对比，研究其学习过程和学习成绩中存在的差异。

5.5.3 实验程序

（1）A组。总的学习时间是4周、12节课，其中在线学习6个课时，交流和讨论5个课时，考试1个课时。具体流程如下（见图5-17）：

第一步，根据教师指定教材，进行课前预习。

第二步，进入机房，登录互联网，在"中国大学MOOC"

上进行注册，并进入指定的课程界面。

第三步，阅读相关资料，观看 MOOC 视频（一节课的内容一般分为两段视频，一段视频的时长为 10 分钟左右）。

第四步，完成在线测试（以上三步一般在一节课时间内完成，40 分钟）。

第五步，到所在班级教室内，由教师引导，开展师生、生生之间的交流、讨论或做习题，时间为 1 课时。

第六步，课后复习。

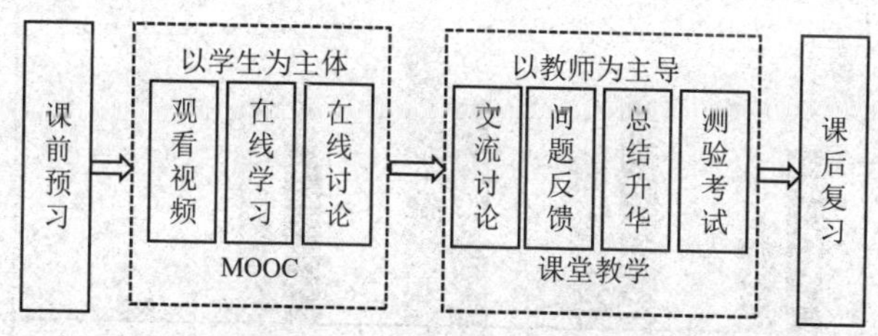

图 5-17　混合式学习具体流程

（2）B 组。总的学习时间是 4 周、12 节课，其中教师讲授 6 个课时，答疑、交流和讨论 5 个课时，考试 1 个课时。具体流程如下：

第一步，根据教师指定教材，进行课前预习。

第二步，教师根据 A 组混合式学习的相同进度，采用传统面对面授课的教学模式进行授课，授课时间一般控制在 40 分钟左右。

第三步，在讨论答疑课上，教师根据学生的掌握情况，进行练习、测试、答疑或讨论。

第四步，课后复习。

（3）测试。在第四周的最后一节课，A、B 两组已经全部完成第三章“二元随机变量及其分布”的学习。此时，教师采用统一出题、闭卷考试的方式进行测试，并分别统计两组学生的考试成绩。

经统计，两组学生成绩如下：A组中，90分以上16人，80～89分20人，70～79分20人，60～69分16人，60分以下2人；B组中，90分以上10人，80～89分16人，70～79分27人，60～69分20人，60分以下1人。A、B两组测试成绩对比情况如图5-18所示。

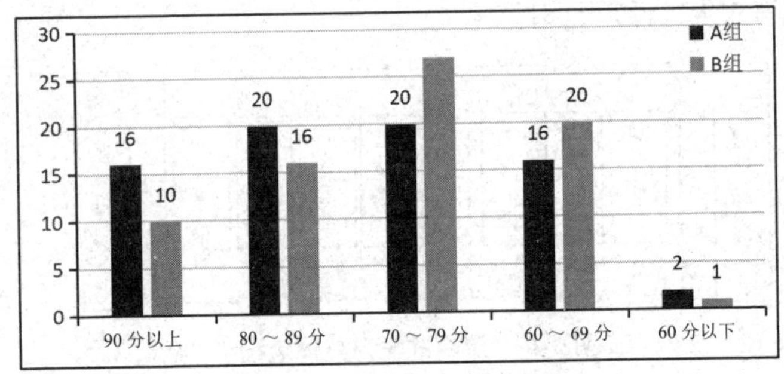

图5-18　A、B两组学生成绩对比

（4）实验结果。通过对测试成绩的统计可知：A组平均成绩为82.35分，B组平均成绩为79.25分，A组平均成绩明显好于B组。

5.6 创新型混合式学习平台教学实验

“C++程序设计”是我国高校重要的程序设计基础课程之一，是众多高校培养创新型计算机人才和程序设计人员的重要教学内容。在以往传统课堂教学中，往往采用“讲解—操作演示”的教学模式，忽视学生计算机水平的参差不齐以及对编程知识的不同需求。由于忽略了以上两点，在学习过程中往往会出现师生缺乏互动和沟通、学生学习兴趣不高的现象，所以学习效果差强人意，难以提高学生的编程能力。江苏建筑职业技术学院信电工程学院学生生源情况较为复杂，学生分别来自普通高考、对口单招和自主招生，学生的计算机水平差异较大。针对学生的实际情况，充分利用创新型混合式学习平台进行“C++ 程序设计”课程教学，学习效果得到明显提升。具体教学过程如下：

1. 前期分析

首先，任课教师团队录制了课程视频，并将课程讲义、课程资料等相关内容上传到课程平台。然后，对班级学生、课程内容和学习环境进行分析。“C++ 程序设计”课程是面向高校计算机专业的学生开设的，他们在学习“C++ 程序设计”课程之前，已经具备一定的计算机知识基础和程序设计能力，其知识储备能够满足“C++ 程序设计”课程学习的基本要求。最后，在以上分析的基础上确定“C++ 程序设计”的学习目标和学习进度。

2. 课程导入

学生在网上注册并登录后，教师提供学习“C++ 程序设计”课程的预习清单，并要求学生按照预习清单完成预习。预习清单是学生深入了解课程内容、完成课程学习的重要向导，包括阅读教材和讲义、观看课程视频、完成课程练习等。教师要督促学生高度重视预习环节，在课程平台上认真观看课程视频，开展自主学习，掌握重点并了解难点，查阅相关学习资料，拓宽学习视野。通过课程平台程序自动评判功能，发现自己在程序设计过程中存在的问题，并思考问题出现的原因。

3. 组织学习

组织学习阶段是在传统的面对面课堂教学环境中展开的，

采用在教师的指导下开展讨论、交流和答疑的学习方式进行，一般分为以下三个部分：

第一部分，以学生提问为主、教师提问为辅，围绕课程学习中的重点和难点问题进行小组讨论和交流。教师根据课程平台中的学习记录及数据分析，确定学生的学习疑难问题，并对其进行分析和解释。

第二部分，教师将一些难度水准较高的题目提供给学生进行练习，或让学生分成小组，进行编写程序的练习，对练习进行点评或幻灯片展示，并对练习中出现的问题进行集中解答。

第三部分，教师组织学生在课堂上对程序设计思路进行阐述，开展小组间互相协作的程序设计，并在小组间开展交流和讨论。

4. 学习支持

课后阶段，通过课程平台防抄袭评判功能对作业进行评测。通过学习记录功能，了解自己在整个课程学习过程中出现的问题并加以纠正。通过程序自动评判功能，提高程序设计能力，实现掌握程序设计知识和技能的学习目的。通过讨论区，在课程平台上继续与教师和同学开展学习交流，巩固所学课程知识。

“C++ 程序设计”通过课程平台成功地实施了混合式学习教学过程，从中我们也可以发现创新型混合式学习平台的一些特色功能，如程序自动评判功能有益于督促学生独立完成作业，提升编程能力；学习记录功能使教师能及时查阅任何一位同学的作业及其在课程平台的驻足历史，做到了对学生学习状况更为及时的把握和对比；课程资料模块能够帮助学生管理自己的学习资料，促进其参加课程练习；讨论区功能拓展了学生的思考和参与度等；防抄袭评判能够对学生作业的相似性进行判断，有利于学生树立良好的诚信学习风气。“C ++ 程序设计”课程依托课程平台在 2017 级和 2018 级计算机软件专业学生中开展了混合式学习活动，学生成绩较 2016 级计算机软件专业学生（注：2016 级计算机软件专业学生采用的是传统的面对面课堂教学方式）有明显提升，成绩对比如表 5-1 所示。

表 5-1　2016 ～ 2018 级学生“C++ 程序设计”成绩对比

年级	学生数量	成绩	不及格率
2016	44	70.66±14.6	11.4%（5 人）
2017	45	74.91±19.4	6.7%（3 人）
2018	42	75.66±13.6	4.8%（2 人）

对参与“C++ 程序设计”课程学习的学生进行访谈，并对课程平台学生留言板进行分析，我们发现，学生对混合式学习教学模式表现出极大兴趣，他们希望更多的课程能够采用混合式学习方式进行教学。

5.7 本章小结

通过混合式学习的平台设计，把面对面学习和在线学习的优势有效整合在一起，打破了传统课堂教学中以教师为中心的教学模式，教师由知识的灌输者变为学习的指导者，学生也不再是听众，而成为学习的真正主体。通过混合式学习平台，学生可以自己掌握学习进度，对于难以理解的知识，可以重复观看视频，遇到困惑，也可以通过在线交流的方式寻求解答，更有效避免了 MOOC 平台学习中缺乏教师指导和交流的深度学习。在混合式学习平台中，课堂学习部分是知识内化的过程，教师的主要任务不是讲授知识，而是梳理知识，通过交流、答疑的方式，让学生进行深度学习，解决学习过程中的疑难问题。在线学习部分能有效拓展学习视野，提高学习效率。混合式学习平台紧紧把握高等教育中“教”与“学”的实际需求，立足实际，抓住了互联网技术的优势和教育教学本质，为我国创新型混合式学习平台建设开了先河。

混合式学习教学设计将传统面对面课堂教学和以MOOC为核心的在线学习有机统一起来，能够有效解决传统课堂教学长期存在的缺陷与不足，例如教学任务主题化、学习活动缺乏拓展、课堂讨论时间不足、学习跟踪难以实现、学习评价以考试为主等问题。依托混合式学习平台开展的混合式学习教学活动把信息技术、互联网资源和高校课程紧密结合，在教育模式上是重要创新和巨大进步。混合式学习打破了不同国家、不同学校的知识壁垒，使优质资源不再是精英院校的专利，在教育公平上发挥了更大作用。混合式学习注重个性化学习的培养，注重学习兴趣的激发，始终将学生放在教学活动的中心，通过对学习内容和学习过程的大数据挖掘和分析，及时了解学生的学习状态，极大地提升了互联网时代的高等教育质量。总而言之，混合式学习不仅仅是一种全新的学习方式，更是一种全新的学习理念，它给现行教育模式、教育方法和教育理念带来的影响重大而深远。

第 6 章　混合式学习的效果评价

在传统的面对面课堂教学中，学生学习效果往往以期末试卷成绩作为最重要的评价参考依据，这种评价方式常常忽视了对学生学习态度和学习过程的评价，是一种静态的评价方法，必然带来评价的片面性。混合式学习的效果评价关注学生学习的全过程，是一种动态评价。这种评价方式不但要考查学生课前预习情况，课中的学习态度、知识掌握情况，还要考查学生课后在创新能力、解决问题能力等多方面的提升情况（裴小琴，2018）。在互联网和信息技术的支持下，混合式学习平台可以跟踪和记录学生学习的全过程，包括学生观看课程视频时长、查阅课程资料数量、课程测试成绩以及讨论互动频率等，为动态评价混合式学习全过程提供了重要依据。因此，开展混合式学习效果评价研究，建立规范的、科学的和可操作的评价指标体系是混合式学习宣传推广和健康发展的重要保证。

6.1 混合式学习的评价方式

混合式学习效果评价采用线上监测与线下考核并进、定性与定量评价相结合的方式进行，更加注重对学生在整个学习过程中状态的监控与评价，强调自主学习能力、团队协作能力、深度学习能力、创新能力等的提升，并且结合线下传统面对面课堂教学评价模式，从而得到最终的评价方案。

根据学习评价的内容和学习任务发生的时间阶段不同，学习评价一般分为形成性学习评价和总结性学习评价。形成性学习评价关注学生的学习全过程，利用混合式学习平台跟踪和记录功能，帮助教师掌握学生的学习状态和心理变化，及时对学生进行有针对性的干预。教师把与授课内容相关的课程资源上传到混合式学习平台之后，通过学生观看课程视频的时长、查看课程资料的数量、完成在线测试的情况及交流互动的频率等信息，对学生学习状况进行动态的形成性评价。形成性学习评价可以客观全面地反映学生的学习状态、学习习惯、学习风格、知识掌握情况以及存在的问题，为下一步教师的教育干预和学生自己的学习调整提供了客观、翔实的依据。同时，形成性学习评价还是教师判断课程内容和教学设计的重要参考。通过平台提供的学习记录与分析数据，教师可以清晰地发现课程内容和教学设计中的长处和不足，为后期的课程内容制作和教学设计指明了方向，提高了教育质量。

总结性学习评价是在教学活动结束后，对学生达成规定教学目标的程度而作出的评价。一般以记分的形式给出最终成绩，其有回顾式的特点。通过总结性学习评价可考查学生对知识的掌握程度，是一种静态评价，优点是操作简单，缺点是不能反映学生的学习全过程，二者的区别如表 6-1 所示。

表 6-1　两种学习评价方法的区别

对比内容	形成性学习评价	总结性学习评价
评价目的	依据学生学习过程的表现，形成学生对所学知识的理解程度的评价	依据考试成绩，“总结或鉴定”学生学到了什么
评价手段	侧重定性分析 评价手段多样化 考试本身就是学习活动	侧重定量分析 评价手段单一 考试本身不是学习活动
课堂管理	混合式教学 有多次展示学习能力的机会	浸入式教学 只有一次展示能力的机会
评价标准	除了成绩之外，学生是否有各种潜在能力的提高	以预先设定目标为基准，依据测试成绩对学生学习效果进行评价

针对传统教学中看重总结性评价、轻视形成性评价的现状，本书在构建混合式学习评价体系时采用形成性评价和总结性评价相结合的方式，重视学生学习能力、实践能力的培养。在评价体系中，两种评价方式各自所占比重为 50%。下文着重探讨混合式学习中形成性评价指标体系的建立。

6.2 混合式学习评价指标体系的构建

混合式学习效果评价需要根据评价对象的特点和逻辑结构构建指标体系，使评价过程有据可依、有章可循、明确清晰。混合式学习评价指标体系的建立，使混合式学习各个层次的指标参数构成一个有机整体，便于评价工作的顺利开展和实效的取得。建立该体系的流程图如图 6-1 所示。

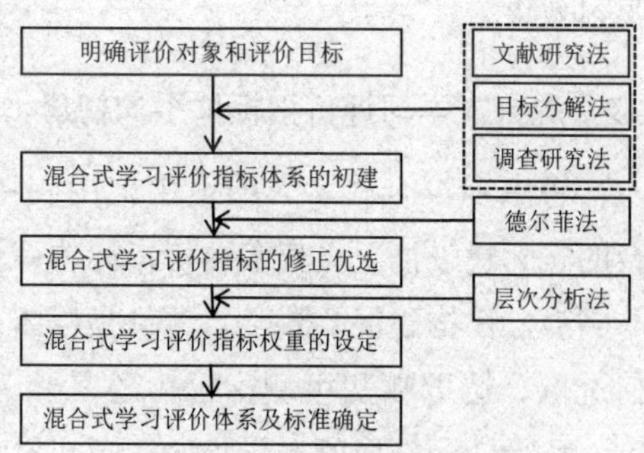

图 6-1　混合式学习评价指标体系构建流程图

在构建评价指标体系时，评价指标的优选和指标权重的确定是十分重要的工作。本书采用德尔菲法修正优选具体的评价指标，采用层次分析法确定各指标的权重，两种方法的灵活运用，使评价指标体系的构建更为准确和科学，也便于在实际教学中的运用和开展。

6.2.1 评价对象和评价目标的确立

构建混合式学习评价指标体系的第一步是精准定位评价对象和评价目标。定位得越准确，认知得越充分，构建的体系就越科学。混合式学习打破了传统的以教师为中心的教育模式，构建了以学生为中心的教育范式，充分肯定学生的主体地位，因此本书的评价对象为学生。混合式学习为学生创造了一个知识扩散与共享的平台，能够提供各种在线资源，为学生自主开展知识挖掘活动提供支持（曾祥翊，2013；冯锐，2016）。混合式学习效果评价不但将学生“线下”学习成绩纳入评价体系中，而且还将“线上”学习的参与度、积极度等纳入评价体系中，做到全面、客观、准确地评价学生的学习效果。

6.2.2 混合式学习评价指标体系的初建

考虑到混合式学习的适用范围和特点以及混合式学习平台的实际建设情况，权衡评价指标体系初建的各个方法的优势与劣势，在构建混合式学习评价指标体系时，不但需要考量如何选取、选取哪些可测指标，还需要考虑各项指标间的关联度，尽量使所选取的指标指向清晰，不漏项、不重复，保证评价目标的各个方面得到全面、准确的反映。

1. 文献研究法

从多角度收集、整理、分析和综合目前国内外混合式学习效果评价的相关文献，梳理出其评价指标主要涉及的方面。

2. 目标分解法

从混合式学习总目标出发，按照任务的构成逐层分解，即先将总体目标视为一级指标，再按照混合式学习制定的任务要求，将一级指标逐个分解展开为二级指标，依此类推，直到末级指标为止。

3. 调查研究法

通过问卷调查、专家访谈等方法了解和咨询混合式学习建设、开展过程中存在的问题，总结出混合式学习的经验，归纳出混合式学习的内涵，从而提炼出影响混合式学习的关键影响因子。

本书初建混合式学习评价一级指标由学习态度、合作与交流、实践能力和学习成绩四个维度构成。然后再将一级指标进行细化和分解，确立了 12 个具体的二级指标，具体初建指标如图 6-2 所示。

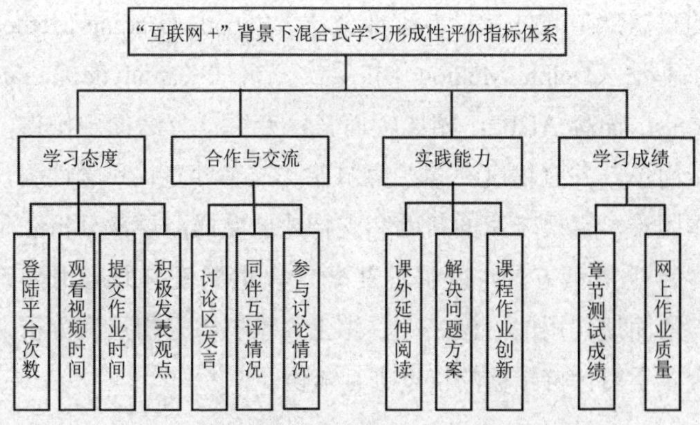

图 6-2　初建混合式学习形成性评价指标体系

6.2.3 混合式学习的评价指标的修正和优选

混合式学习的指标体系不是一次性建立起来的，而是一个根据实际需要不断调整、修正和优化的过程。初建的混合式学习指标体系一般存在指标内容重复的情况，如果不对评价指标进行甄别、筛选、对比、归类和合并的工作，就会出现评价指标侧重于某一方面的现象，而且也不利于评价工作的开展，于是修正、调整评价指标体系的环节必不可少。在进行指标优选调整过程中，需要综合权衡各项指标的区分度、重要性和相关性（冯锐，2016）。基于此，本书采用德尔菲法（Delphi Method）对混合式学习的评价指标进行修正和优选，最后确定由 4 个一级指标、14 个二级指标构成的混合式学习形成性评价指标体系。

6.2.4 混合式学习评价指标的权重设定

确定指标权重是构建指标体系的难点。指标权重反映了该项指标占所有评价指标的比重，体现了该项指标的重要程度。指标权重赋值正确与否对最终评价结果至关重要。目前，常用的权重赋值方法包括专家评分法（Experts Grading Method）、德尔菲法（Delphi Method）和层次分析法（Analytic Hierarchy Process，简称 AHP）。相比较而言，专家评分法便于操作，但过于简单，并且精度不够；德尔菲法准确度高、科学性强，但操作困难，需要专家的帮助和支持才能完成；层次分析法是一种多目标决策方法，是目前在确定权重赋值方面应用最为广泛、最简捷实用的方法之一。综上，本书将采用层次分析法对混合式学习评价指标的权重进行赋值。

6.2.5 混合式学习评价体系标准的确定

混合式学习评价标准是教师判断学生是否达到学习指标要求最低等级的基本准则，是测量学习任务完成情况的标尺，评价标准由强度或频率、标度和标号构成。强度或频率指的是评价对象在符合要求的条件下，行为发生的程度或次数；标号是行为发生的程度或次数的标记符号；标度是行为达到标准的程度。评价标准的内容与标度之间联系紧密、相互制约并相互依存，混合式学习评价标准具有比例性、完整性和可调性的特点。

6.3 混合式学习评价指标遴选

德尔菲法（Delphi Method）采用匿名通信方式向专家征询意见，收集专家对于各项评价指标的重要性及其权重设定的看法和建议，并进一步修正完善评价指标，然后再次将意见匿名反馈给各专家进行征询，反复操作该过程，直到意见一致为止。本书依据德尔菲法要求的征询步骤，进行了两轮意见征询后意见基本集中。

6.3.1 第一轮专家征询

选取 20 名混合式学习领域的专家进行第一轮意见征询，通过“专家权威程度评测表”获取专家学术水平、指标熟悉程度、判断依据等方面的调查数据，整理出专家对初步设定的 4 个一级指标、14 个二级指标的意见，从而确定各级指标的具体内容。

1. 专家权威程度

专家权威程度 I_q。由三部分构成：专家学术水平 I_x、指标

熟悉程度 I_s 和判断依据 I_p，其计算公式为

$$I_q=I_x+I_s+I_p\,/3 \tag{6-1}$$

专家权威系数 I_q 与初步设定的指标的准确度成正比，I_q 值越大，所设定的指标准确度越高；反之亦然。一般 I_q>0.70 被认为是可接受的（王高玲，2018）。专家学术水平 I_x 的设置主要依据我国目前的技术职称来衡量。专家职称分为“教授且为研究生导师”“教授非研究生导师”“副教授”“讲师”“助教”5个级别，这 5 个级别分别按照 0.9、0.7、0.5、0.3、0.1 赋值，专家职称越高，I_x 就越高，其建议和意见就越具有权威性。判断依据 I_p 由“实践操作”“理论认知”“经验直觉”以及“同行评价”组成，每个维度又按照大、中、小三类影响程度进行赋值计算。指标熟悉程度 I_s，分为“非常了解”“较了解”“了解”“不太了解”“毫不知情”5 个级别，这 5 个级别分别按照 0.9、0.7、0.5、0.3、0.1 赋值。由公式（6-1）计算出 I_q，计算结果如表 6-2 所示。

表 6-2　专家权威程度

一级指标															
学习态度				合作与交流				实践能力				学习成绩			
I_x	I_s	I_p	I_q	I_x	I_s	I_p	I_q	I_x	I_s	I_p	I_q	I_x	I_s	I_p	I_q
0.91	0.84	0.86	0.87	0.90	0.91	0.78	0.85	0.76	0.91	0.85	0.82	0.85	0.91	0.86	0.87

由表 6-2 可知，所有 I_q 值都大于 0.8，表明专家权威程度高（关励强，2001）。

2. 专家意见协调程度

专家意见协调程度主要由协调系数 W 和变异系数 V_i 构成。

（1）协调系数 W

协调系数 W 是指所有咨询专家对各级遴选指标的协调程度，一般会采用肯德尔（Kendall）协调系数进行检验，W 的

取值越接近 1，表明专家意见的一致性越高。

在首轮征询中，遴选出来的一级指标的协调系数 W 是 0.189，Sig. 为 $0.001 < 0.05$；二级指标协调系数 W 是 0.197，Sig. 为 $0.0001 < 0.05$，如表 6-3 所示。这表明在 95% 的置信水平下，第一轮征询意见协调性较好，结论可采纳。

表 6-3　专家意见协调程度

第一轮	协调系数 W	χ^2	自由度	Sig.
一级指标	0.189	16.512	3	0.001
二级指标	0.197	105.786	12	0.0001

（2）变异系数 V_i

V_i 是衡量专家意见的变异程度，它的取值越小，说明专家意见的离散程度越低，一致性越好。V_i 可用公式（6-2）表示：

$$V_i = S_i / \overline{X_i} \tag{6-2}$$

这里，S_i 为第 i 个指标的标准差，$\overline{X_i}$为第 i 个指标的平均值（冯锐，2016）。当 $V_i > 0.5$ 时，说明该指标专家意见分歧性较大，该指标将会被去掉。据第一轮问卷统计，一级、二级指标的 V_i 值均在 0 ～ 0.5 之间，因此该轮所设定的各项指标均被保留。另外，在第一轮征询中，专家提出了很多宝贵意见，例如，增加了两项二级指标“预习课程情况”“资源利用情况”，考虑到学习能力除了包括合作交流能力外，还包括自主学习能力、资源利用能力等，因此建议将一级指标中的“合作与交流”修改为“学习能力”；将二级指标中的“发表观点是否积极”改为“发表观点频率”；“讨论区发言次数”改为“主动提问次数”。在学习能力的二级指标中，预习课程情况反映的是自学能力；同伴互评次数和参与讨论次数反映的是协作能力；主动提问次数反映的是探究能力；资源利用情况反映的是信息利用能力。实践能力中，课外延伸阅读考查的是深度学习程度，解决问题方案和课程作业创新分别在解决问题和创新思考方面进行了考查。

6.3.2 第二轮专家征询

根据反馈回来的第一轮专家意见，对初选的一、二级评价指标进行修改补充，制定第二轮专家征询问卷。第二轮专家征询的主要目的是获取修改后的一、二级指标的协调程度。为保持征询的连贯性，依旧选取第一轮征询中的20位专家进行征询，发放问卷20份，回收20份，回收率为100%。经统计，在第二轮征询中，变异系数 V_i 全都小于0.15（见图6-3），说明专家对修改后的一级、二级指标的意见基本一致，不存在分歧。

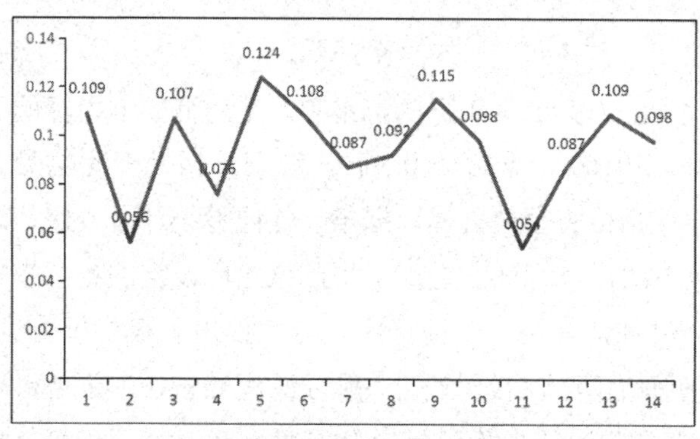

图6-3　第二轮征询指标变异系数

综上所述，本书确立的混合式学习形成性评价指标体系由4个一级指标、14个二级指标构成。一级指标包括学习态度、学习能力、实践能力和学习成绩。学习态度下的二级指标包括：登陆平台次数、观看视频时间、提交作业时间和发表观点频率；学习能力下的二级指标包括：预习课程情况、主动提问情况、同伴互评情况、资源利用情况和参与讨论情况；实践能力下的二级指标包括：课外延伸阅读、解决问题方案和课程作业创新；学习成绩下的二级指标包括：章节测试成绩和网上作业质量。具体各级指标如图 6-4 所示。

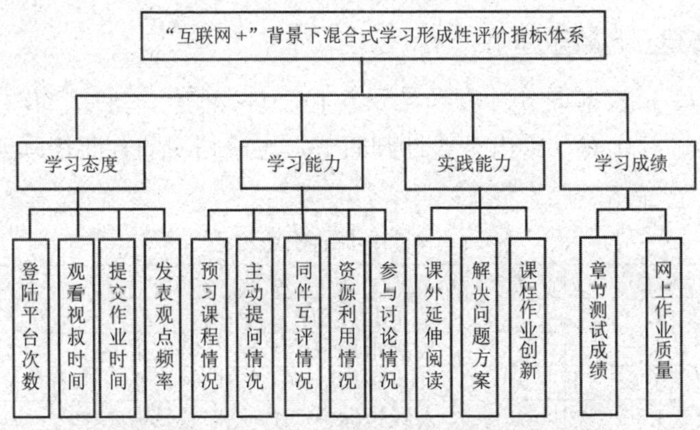

图 6-4　混合式学习形成性评价指标体系

6.4 基于层次分析法设定评价指标的权重

层次分析法（AHP）是将与决策问题相关的元素分解成不同的层次结构，并进行定性和定量分析的决策方法，其流程如图 6-5 所示。

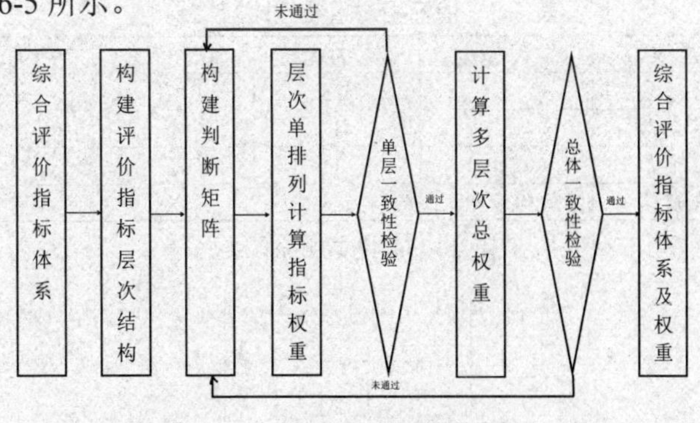

图 6-5　层次分析法流程图

6.4.1 确定递阶层次结构

两轮专家征询后，确立了混合式学习的递阶层次结构模型，其中一级指标4个，包含学习态度、学习能力、实践能力和学习成绩，二级指标14个，具体内容和结构如图6-4所示。

6.4.2 建立判断矩阵

专家依据评分标度（见表6-4），对在同一个层次的两个指标进行比对，给出重要性判断值，生成相应的判断矩阵 $\boldsymbol{A}=(a_{ij})_{n\times n}$。

表 6-4 判断矩阵评分标度表

标度	定义
1	A级指标中，A_i 与 A_j 一样重要
3	A级指标中，A_i 比 A_j 略微重要
5	A级指标中，A_i 比 A_j 重要
7	A级指标中，A_i 比 A_j 明显重要
9	A级指标中，A_i 比 A_j 极端重要
2、4、6、8	A级指标中，重要性介于相邻评分标度之间
1～9的倒数	A级指标中．A_i 与 A_j 之间的重要度衡量

通过E-mail方式向专家发出《混合式学习评价指标两两比较矩阵调查表》，邀请专家对指标的重要性进行评判。表6-5列出其中一位专家的评判结果。

表 6-5 指标相对重要性比较结果

混合式学习	学习态度	学习能力	实践能力	学习成绩
学习态度	1	1/3	1/3	2
学习能力	3	1	1	3
实践能力	3	1	1	3
学习成绩	1/2	1/3	1/3	1

表6-5的判断结果可以简化为矩阵 $\boldsymbol{A}$：

$$\boldsymbol{A}=\begin{bmatrix} 1 & 1/3 & 1/3 & 2 \\ 3 & 1 & 1 & 3 \\ 3 & 1 & 1 & 3 \\ 1/2 & 1/3 & 1/3 & 1 \end{bmatrix}$$

6.4.3 进行层次单排序

计算矩阵 **A** 中各行元素乘积 M_i：

$$M_i = \prod_{j=1}^{4} b_j \tag{6-3}$$

M_1=2/9；M_2=9；M_3=9，M_4=1/18

计算的 n 次方根 W_i：

$$W_i = \sqrt[4]{M_i} \tag{6-4}$$

$W_1 = \sqrt[4]{2/9} = 0.687$；$W_2 = \sqrt[4]{9} = 1.732$；$W_3 = \sqrt[4]{9} = 1.732$；

$W_4 = \sqrt[4]{1/18} = 0.485$；

得向量 $\boldsymbol{W}$ ＝［0.687　1.732　1.732　0.485］，对之进行归一化处理，计算一级指标权重值 W_j：

$$W_j = W_i / \sum_{i=1}^{4} W_i \tag{6-5}$$

$\sum_{i=1}^{4} W_i = 0.687 + 1.732 + 1.732 + 0.485 = 4.636$

W_1=0.687/4.636=0.148；W_2=1.732/4.636=0.374；

W_3=1.732/4.636=0.374；W_4=0.485/4.636=0.104；

即一级指标权重 $\boldsymbol{W}$=[0.148　0.374　0.374　0.104]。

6.4.4 层次单排序一致性检验

实际中，很难做到所构建的矩阵完全一致，下面对判断矩阵进行一致性检验，检验是否存在逻辑错误。计算判断矩阵 **A** 的最大特征根 $\lambda_{\max}$：

$$\lambda_{\max} = \sum_{i=1}^{n} \frac{(AW)_i}{nW_i} = 0.605/(4\times0.148) + 1.504/(4\times0.374) + 1.504(4\times0.374) + 0.427(4\times0.104) = 4.059 \tag{6-6}$$

一致性指标 $CI = \dfrac{\lambda_{\max} - n}{n-1} = \dfrac{4.059-4}{3} = 0.020$

参照 RI 取值表（表 6-6），可知，当 n=4 时，RI 取值为 0.90。

表 6-6　*RI* 取值表

阶数	1	2	3	4	5	6	7	8
RI 值	0	0	0.58	0.90	1.12	1.24	1.32	1.41

从而可得随机一致性比率：

$$CR=\frac{CI}{RI}=\frac{0.020}{0.90}=0.022<0.1 \tag{6-7}$$

由于 $CR<0.1$，表明矩阵 $\boldsymbol{A}$ 获得满意的一致性，单次排序有效，一级指标权重可靠有效。重复上述步骤，对其余专家的 95 个判断矩阵采用同样的方法进行一致性检验，发现有 3 个判断矩阵未通过单层次一致性检验。为确保一致性，又邀请专家对这 3 个没有通过检验的矩阵再做一次判断，修正不符合要求的判断矩阵。最后，对各指标赋值进行统计，得出各级指标权重，并进行单层次一致性检验。结果显示，单层次一致性 $CR<0.1$，全部合格，一级指标学习态度、学习能力、实践能力和学习成绩的权重分别为：0.148、0.374、0.374 和 0.104；二级指标权重分别为：0.151、0.349、0.192、0.308；0.111、0.301、0.189、0.121、0.278；0.252、0.368、0.380；0.674、0.326。

6.4.5 二级指标组合权重的计算

组合权重 W 的计算方法是将二级指标的权重 W_{ij} 与它所属的一级指标的权重 W_i 相乘，即

$$W=W_iW_{ij} \tag{6-8}$$

这里，所有组合权重 W 的和为 1。混合式学习评价指标体系的权重层次如表 6-7 所示。

表 6-7　各层次指标权重表

一级指标	一级指标权重	二级指标	二级指标权重	组合权重
学习态度 A_1	0.148	登陆平台次数 B_1	0.151	0.022
		观看视频时间 B_2	0.349	0.052
		提交作业时间 B_3	0.192	0.028
		发表观点频率 B_4	0.308	0.046
学习能力 A_2	0.374	预习课程情况 B_5	0.111	0.042
		主动提问情况 B_6	0.301	0.113
		同伴互评情况 B_7	0.189	0.071
		资源利用情况 B_8	0.121	0.045
		参与讨论情况 B_9	0.278	0.104
实践能力 A_3	0.374	课外延伸阅读 B_{10}	0.252	0.094
		解决问题方案 B_{11}	0.368	0.138
		课程作业创新 B_{12}	0.380	0.143
学习成绩 A_4	0.104	章节测试成绩 B_{13}	0.674	0.070
		网上作业质量 B_{14}	0.326	0.034

在混合式学习评价指标遴选过程中，众多专家共同决策，每个专家考虑的侧重点不同，可能会出现同一指标存在若干个判断矩阵的情况。解决这一问题一般有两种方案，一是将判断矩阵集结，再计算权重；二是将判断矩阵权重加权平均。由于第一种方案对判断矩阵进行集结可能会导致不一致性，因此，本研究采用第二种方案进行决策，得到各级指标的最终权重，如表 6-8 所示。

表 6-8　混合式学习形成性评价最终组合权重表

一级指标	A_1（0.121）				A_2（0.284）					A_3（0.484）			A_4(0.111)	
二级指标	B_1	B_2	B_3	B_4	B_5	B_6	B_7	B_8	B_9	B_{10}	B_{11}	B_{12}	B_{13}	B_{14}
组合权重	0.021	0.045	0.024	0.031	0.039	0.099	0.078	0.048	0.110	0.131	0.090	0.154	0.081	0.031

注：括号内的数据为一级指标的权重。

由表 6-8 可知，在一级指标中，学习能力和实践能力两个指标的权重处于领先地位，是混合式学习效果评价考查的重点，各占了 48.4% 和 28.4% 的权重。学习态度占据了 12.1% 的权重，学习成绩占了 11.1% 的权重，这说明混合式学习形成性评价中，削弱了考试成绩的垄断地位，不再把成绩作为考量学生学习效果优劣的唯一标准，而是注重学生潜在能力的挖掘与拓展。在最终组合权重中，解决问题方案、课程作业创新、主动提问情况和参与讨论情况所占的比例较大，说明混合式学习注重学生的问题分析能力、创新能力和团队合作能力的培养，对解决我国高校大学生在学习过程中侧重于知识的传授与记忆，而忽视实践与创新能力的现状起到一定的改善作用。

6.5 混合式学习的效果评价

6.5.1 混合式学习评价指数标准表

依据混合式学习实际情况，在上述层次结构模型设立指标的基础上，采用百分制构建各个指标评价指数标准的最佳方案，如表 6-9 所示。

表 6-9 混合式学习评价指数标准表

序号	指标	指数				
		90 ~ 100 分	80 ~ 89 分	70 ~ 79 分	60 ~ 69 分	60 分以下
1	登陆平台次数	按照规定登录，无旷课、迟到、早退	旷课 <2 次，迟到或早退 <2 次	旷课累计 <4 次，迟到累计 <4 次	旷课累计 <6 次，迟到累计 <6 次	旷课累计 >6 次，迟到累计 >6 次
2	观看视频时间	完成规定学时 ≥ 90%	完成规定学时 80% ~ 89%	完成规定学时 70% ~ 79%	完成规定学时 60% ~ 69%	完成规定学时 ≤ 60%

续表

序号	指标	指数				
		90 ～ 100 分	80 ～ 89 分	70 ～ 79 分	60 ～ 69 分	60 分以下
3	提交作业时间	总是按时提交作业	大部分按时提交作业	部分按时提交作业	偶尔按时提交	从不提交作业
4	发表观点频率	非常积极	比较积极	一般积极	偶尔发表观点	从不发表观点
5	预习课程情况	非常积极	比较积极	一般积极	偶尔预习	从不预习
6	主动提问情况	非常积极	比较积极	一般积极	偶尔提问	从不提问
7	同伴互评情况	非常积极	比较积极	一般积极	偶尔互评	从不互评
8	资源利用情况	频繁到电子图书馆浏览	经常到电子图书馆浏览	有事到电子图书馆浏览	偶尔到电子图书馆浏览	从不到电子图书馆浏览
9	参与讨论情况	非常积极	比较积极	一般积极	偶尔参与	从不参与
10	课外延伸阅读	非常积极	比较积极	一般积极	偶尔	从不
11	解决问题方案	方案有非常强的可操作性，可直接实施	方案有较强的可操作性，修改后可实施	方案有一般的可操作性，大修后可实施	方案有较差的可操作性	完全脱离实际，无方案
12	课程作业创新	非常有	比较有	一般	无	重复
13	章节测试成绩	90 ～ 100	80 ～ 89	70 ～ 79	60 ～ 69	<60
14	网上作业质量	高质量，无缺项，准确率高	质量较高，有缺项，准确率高	质量一般，有缺项，准确率较高	质量较差，准确率不高	质量很差，错误较多

混合式学习的时间不是固定在课上的40分钟，而是既可以在课内，也可以在课外，因此其评价指数表中的分数既可以由平台记录打分，也可以由教师打分，还可以是学生互评，甚至是由学生本人完成。

（1）平台记录。混合式学习平台具有记录学生“登陆平台次数”“观看视频时间”“提交作业时间”和“发表观点频率”等功能，能客观地展现学生的学习态度。

（2）教师评价。任课教师可以通过多元化、全方位的评价手段来评价学生在整个学习过程中的表现。比如在预习阶段，教师可以在混合式学习平台上推送预习大纲，并通过简单的小测试检验学生的预习情况；在课题互动上，教师通过观察学生的个体特征，即时有针对性地提问，展开个性化教学，对学生的课堂表现给出一个客观的评价。在解决问题和作业创新方面，依据任务完成情况，对学生进行合理公正评价。

（3）同学互评。在小组讨论过程中，同学之间可以充分交流和了解，身份的平等性使得同学之间是以最自然、最真实的状态呈现彼此的学习态度、学习参与度、学习贡献度。在评价指标中，网上“同伴互评情况”和“参与讨论情况”这两个指标的具体分数，可以通过同学之间打分来确定。

（4）学生自评。让学生直接参与到学习效果评价的打分中，可以让学生对照自己的学习情况，给自己的学习状态打分，这也是一个让学生进行自我反省、自我修正、自我提升的过程。自评能让学生了解自己在学习过程中是否掌握了学习内容、发现学习差距、进行自我反思、成为学习的主人，从而达到提升学习效果的目的。因此，学生自评不仅仅是一种评价方式，也是一种非常有效的学习方式。比如让学生对“预习课程情况”和“课外延伸阅读”进行自评，在课堂互动中发现自己知识的不足和课后需要补充的内容，从而对自己所学知识有一个更深层次的认识。当然，由于学生都有一种自我保护意识，都想在期末考试中取得一个理想成绩，因此在同学互评和学生自评环节，要提醒学生本着实事求是、客观公正的原则进行评价。根据总组合权重表 6-8 和评价指数表 6-9，得到混合式学习效果评价计算公式：

$$\sum=\sum A_1+\sum A_2+\sum A_3+\sum A_5 \tag{6-9}$$

其中，$\sum A_1=B_1\times F_1+B_2\times F_2+B_3\times F_3+B_4\times F_4$

$\sum A_2=B_5\times F_5+B_6\times F_6+B_7\times F_7+B_8\times F_8$

$\sum A_3=B_9\times F_9+B_{10}\times F_{10}+B_{11}\times F_{11}+B_{12}\times F_{12}$

$\sum A_4=B_{13}\times F_{13}+B_{14}\times F_{14}$

B_1、B_2、…、B_{14} 是指标体系中的二级指标的组合权重值，F_1、F_2、…、F_{14} 是评价指数表中的对应分数。

以 A_1 学习态度得分为例进行计算：

$$\sum A_1=B_1\times F_1+B_2\times F_2+B_3\times F_3+B_4\times F_4$$

① B_1：基本保证各模块学习，旷课 <2 次，迟到或早退 <2 次。

② B_2：完成规定学时 >90%。

③ B_3：总是按时提交作业。

④ B_4：比较积极。

依据表 6-8，B_1、B_2、B_3、B_4 的取值分别是 0.021、0.045、0.024、0.031；由表 6-9，F_1、F_2、F_3、F_4 的取值分别为 85 分、95 分、95 分、85 分。因此：

$\sum A_1=0.021\times 85=0.045\times 95=0.024\times 95=0.031\times 85=10.975$

通过计算，得到学习态度 A_1 指标的得分为 10.975 分。

以此类推，计算出A_2、A_3、A_4的得分，得到学生课程学习的形成性评价分数为88分。

进一步，可将期末试卷考试总结性评价分数和形成性评价分数求和取平均，就得到该学生该课程的最后成绩。若该学生此门课程总结性评价分数为90分，则最终成绩为89分，属于较好的成绩。

6.5.2 混合式学习的效果评价

1. 学习成绩评价

根据上述遴选的混合式学习评价指标及权重确定方法，本研究选取采用引入型混合式学习平台的江苏省某高校二年级同专业140名学生进行实验，评价其混合式学习效果。140名学生被随机平均分为两组，男女性别比例基本平衡。其中，1组采用混合式学习模式，2组采用传统面对面课堂讲授模式。两个小组授课教师相同，授课内容都是"概率论与数理统计"中的二元随机变量及其分布，教学学时相同。对两组学生本门课程的前期学习内容进行综合测试，进行独立样本t检验，证明成绩没有显著差异，基本处于同一学习水平，可以进行教学效果的对比实验。表6-10列出了混合式学习与传统面对面学习两种学习方法成绩的差异，混合式学习各项指标均高于传统面对面学习。采用独立样本t检验，各项指标结果见表6-11。

表6-10 组统计量

	分组	N	均值	标准差	均值的标准误
成绩	1	70	82.36	5.538	0.645
	2	70	79.45	5.266	0.612

表 6-11　独立样本检验

<table>
<tr><td rowspan="3" colspan="2"></td><td colspan="4">方差方程的 Levene 检验</td><td colspan="5">均值方程的 t 检验</td></tr>
<tr><td rowspan="2">F</td><td rowspan="2">sig.</td><td rowspan="2">t</td><td rowspan="2">df</td><td rowspan="2">Sig.（双侧）</td><td rowspan="2">均值差值</td><td rowspan="2">标准误差值</td><td colspan="2">差分的 95% 置信区间</td></tr>
<tr><td>下限</td><td>上限</td></tr>
<tr><td rowspan="2">成绩</td><td>设方差相等</td><td>1.043</td><td>0.309</td><td>3.271</td><td>142</td><td>0.001</td><td>2.905</td><td>0.887</td><td>1.150</td><td>4.662</td></tr>
<tr><td>设方差不相等</td><td>—</td><td>—</td><td>3.271</td><td>141.632</td><td>0.001</td><td>2.905</td><td>0.887</td><td>1.150</td><td>4.662</td></tr>
</table>

方差齐性检验结果 0.309>0.05，表明方差齐性。因此，方差相等对应行的 t 检验结果正确。

显著性水平 0.001<0.05，所以在 95% 的置信水平下，两种学习方法存在显著性差异。由于混合式学习的平均成绩要高出传统面对面学习成绩 2.9 分，因此验证了采用混合式学习方式的学生，不但学习成绩有所提高，而且学习能力也得到了有效提升。

2. 学习过程评价

对采用混合式学习的班级和采用传统面对面学习的班级，在授课之前和授课之后，分别发放了学习情况调查问卷，此问卷有 12 个题项，采用李克特五级量表进行设计，目的是调查学生在经过了混合式学习之后，在学习态度、学习能力、学习方法等方面是否有所改变。依据回收的调查问卷，计算每一个题项的 p 值，一旦 p 值 <0.05，则认为实验前后学生在此题项的得分具有显著性差异。因此，本书通过检验，即拟合优度检验，验证两组参与调查的学生在实验前后哪些题项发生了明显改变，从而对混合式学习效果进行评价。检验结果如表 6-12 所示。由表中结果可知，在进行教学实验之前，两组学生的学

习情况差异并不显著，可进行教学效果对比研究。

表 6-12　学生学习情况调查问卷的检验

题项		学习前			学习后		
		χ^2 值	p 值	差异	χ^2 值	p 值	差异
1	总是在课程进行前制订学习计划	0.491	0.517	不显著	4.986	0.031	显著
2	了解课程学习目标	0.516	0.345	不显著	5.698	0.017	显著
3	总是积极回答课上老师提出的问题	0.781	0.543	不显著	21.345	0.000	显著
4	积极参与课堂互动	0.828	0.345	不显著	16.987	0.000	显著
5	积极向老师请教课程听不懂的部分	0.006	0.982	不显著	9.980	0.002	显著
6	经常阅读与课程相关的参考书	1.082	0.249	不显著	3.056	0.039	显著
7	经常课后总结学习方法策略	0.651	0.346	不显著	32.856	0.000	显著
8	经常在课后或者学习平台进行互动讨论	0.742	0.395	不显著	16.687	0.000	显著
9	智力是学习成绩好的最重要因素	0.112	0.754	不显著	0.918	0.383	不显著
10	毅力是学习成绩好的最重要因素	0.689	0.409	不显著	3.367	0.047	显著
11	教学方式是学习成绩好的最重要因素	0.393	0.542	不显著	4.891	0.027	显著
12	焦虑影响互动与主动发言的表现	1.673	0.196	不显著	4.079	0.043	显著

实验结束后，调查问卷的大部分题项显示出具有显著的差异。其中题项 1 ～ 6 表明，经过混合式学习的学生，在自我学习管理方面要显著优于传统的面对面教学。经过混合式学习教学活动的系统训练，学生普遍具有较好的自我规划、自我约束、自我监控与调节能力。究其原因：一方面，采用混合式学习教学的班级，教师指导学生对整个学习过程进行自评、互评，鼓励学生提前规划课程计划、课前预习、课中互动和课后反馈，激发学生潜能，加强学生自我监控的调节力度，有利于学习效果的提升；另一方面，混合式学习教学平台的使用，能

够客观记录学生考勤、观看视频时间、提交作业时间和发表观点频率，使学生形成较强的自我约束力，保证了学习质量与学习效率。

题项 7 关注的是混合式学习的方法与策略，研究的是学生是否进行课后的主动学习与思考。混合式学习的班级约有 82% 的学生会经常课后主动进行此项活动，对学过的知识归纳总结、触类旁通、发表观点、开展讨论，而传统面对面学习的班级只有 29% 的学生进行了上述活动。探究其原因，混合式学习需要经常进行互动、讨论环节，如果学生没有自己的观点，没有主动思考，在这个环节是很难有收获和成绩的，更别说主动提问或主动发表个人见解了。因此，在混合式学习中，主动提问、互动讨论、解决问题、交流创新等环节，对提高学生学习效果起到很大的促进作用。

题项 8 反映了两组学生在合作学习方面具有明显的差异。由于在混合式学习班级采用形成性评价方法，评价方式是学生自评与同学之间互评相结合，注重整个学习过程的参与度，学生可以充分创造或利用各种机会展示自己的合作意愿，增强团队协作学习的能力。

题项 9 ～ 10 涉及学生的学习态度。实验前，混合式学习和传统面对面学习分别有 18% 和 17% 的学生认为智力是最重要的因素，约有 50% 和 52% 的学生认为毅力是学习成绩好最重要的因素。实验后，从统计学意义的角度来看，智力因素依然差异不显著，但混合式学习在题项 10 毅力方面的数据发生了很大变化，上升到 70%，超过了传统面对面学习的 52%，这说明，采用混合式学习更加需要学生具有严谨的自律意识和持之以恒的精神，坚持课前、课中、课后各个环节学习的主动性，积极杜绝互联网的负面影响，如游戏、不良信息等。

题项11研究的是教学方法的接受度问题。实验后显示两组差异显著，说明参与混合式学习的学生比较认可这种学习方法，认为对学习成绩和能力的提升有显著的促进作用。

题项12涉及学生的学习情感，结果显示两组差别显著。过度焦虑容易造成课堂互动不积极，不敢开口，或者羞于开口。究其原因主要是不自信，上课之前没有做充分的预习准备工作，没有形成自己的观点，害怕说错话。而参与混合式学习的学生由于有课前预习环节，获得了一定的自信心，使其可以放下思想负担，减少焦虑感，学习效果得到明显提升。

6.6 本章小结

混合式学习效果评价采用线上监测与线下考核并进、定性与定量评价相结合的方式进行，更加注重学生的学习态度和学习过程，强调能力的培养。本书运用德尔菲－层次分析法构建了混合式学习效果评价指标体系，旨在为公平合理评价混合式学习效果提供理论依据。该评价指标体系包括4项一级指标、14项二级指标，已经获得专家论证和实践检验。学习能力和实践能力两个指标的权重处于领先地位，是混合式学习考查的重点。期末考试成绩只占了10.4%的权重，这说明混合式学习削弱了期末试卷成绩的垄断地位，不再把期末成绩作为考量学生学习效果优劣的唯一标准，而是注重监测学生在线上学习与线下学习过程中的学习态度，注重学生潜在能力的挖掘与拓展。通过独立样本t检验，从成绩提升角度对混合式学习效果进行评价，证明混合式学习与传统面对面学习成绩存在显著性差异，混合式学习的平均成绩高于传统面对面学习的成绩；通过检验，从学习过程的角度，验证采用混合式学习方式的学生，不但学习能力得到提高，而且在学习管理、学习信心等方面也有了质的提升。

在本章的研究中，所选用的德尔菲法和层次分析法在指标遴选、权重确定上不能避免主观感情色彩、知识背景等因素对结果的影响，导致评价指标中标准界限不够明确、部分指标未能实现量化等问题。当然，混合式学习评价指标体系是一个不断改进和完善的过程，随着互联网信息技术的发展和混合式学习研究的不断深入，评价指标体系将会更加科学和优化。

第 7 章　结论与展望

7.1 结论

本书以“互联网 + 教育”背景下混合式学习的模式构建为主要研究对象，在文献分析和理论综合的基础上，通过对十所高校的问卷调查和四所高校的访谈，有针对性地研究了大学生混合式学习的现状和普遍存在的问题，并以此为研究逻辑起点，测定了混合式学习的影响因素，提出了两种类型的混合式学习平台设计思路，开展了混合式学习实验，并对实验获取的数据进行评价分析。

研究过程中，设计了大学生混合式学习调查问卷及测试方法，并针对大学生进行了混合式学习的使用情况、认知程度和评价建议等方面问题的问卷调查。根据调查获取的数据，在理论分析与实证研究相结合的基础上，测定了混合式学习影响因素，提出了混合式学习平台的设计思路；并以网络课程平台为例，分析了创新型混合式学习平台的构建方法和特色功能；开展了基于引入型和创新型平台的教学实验，获取了混合式学习的一手资料和数据；借助 AHP 层次分析法的思想构建了定量与定性相结合的混合式学习评价指标与模型，以开展的教学实验为例进行混合式学习效果评价，并进一步分析了混合式学习中存在的问题和未来发展方向。本书的主要研究结论如下：

（1）通过问卷调查和访谈可知，目前在校大学生混合式学习的开展缺乏科学、规范指导，盲目性和随意性普遍存在，这些问题亟待引起教育主管部门与高校教育工作者的重视。我国高校大学生一天上网时间超过 5 小时的有半数以上，显而易见，互联网已经成为当代大学生最为重要的学习、生活和活动空间。但是，大学生在利用互联网学习方面却存在很多问题，游戏、购物和聊天占据了大量的上网时间。同时，现有在线课程模式缺乏深度学习和教师的帮助，往往很难吸引大学生有限的时间和精力。所以说，有效解决以 MOOC 为核心的在线学习课程存在的诸多问题和不足，打造全新理念的混合式学习平台成为当务之急。

（2）通过定性与定量研究，可知混合式学习在提高学习效率和学习质量方面成效显著，是高等教育立德、树人、开智、增能的新途径。互联网和信息技术的发展，改变了知识的生成方式、发展过程、获取手段与传播途径，人类的学习方式和教育模式也必将随之发生改变。我们不能把混合式学习理解为一项科技发明或是一项技术创新，它是互联网和信息技术发展到一定阶段的必然产物，是人类学习史的一个崭新阶段。混合式学习把信息技术、互联网资源和教育紧密结合，在教育模式上是重要的创新和进步。混合式学习打破了不同国家、不同学校的知识壁垒，使优质资源不再是精英院校的专利，在教育公平上会发挥更大作用。混合式学习注重培养学生的学习主动性，注重兴趣的激发，将学生放到教学活动的中心，通过对学习过程的大数据挖掘和分析，及时了解学生的学习状态，极大提升了教育质量。总而言之，混合式学习不仅仅是一种全新的学习方式，更是一种全新的学习理念，它给现行教学模式、教学方法和教育理念带来的影响重大而深远。

（3）采用结构方程模型，测定了混合式学习的影响因素，验证了学习背景的调节作用。在混合式学习中，感知易用性、感知有用性、学习气氛和交互行为等因素与混合式学习学生接受度呈正相关，学生接受度显著正向影响学习效果，为教师提供了一个重新思考教学方式、优化教学实践的机会。学习背景显著调节感知易用性和学习气氛与混合式学习接受度之间的关系，而在感知有用性和交互行为方面，学习背景并没有起到显著调节作用。对于学习背景缺乏的学生，感知易用性对混合式学习接受度的影响程度最大。对于学习背景丰富的学生，学习气氛对混合式学习接受度的影响程度最大。

（4）构建基于 MOOC 技术的混合式学习平台是实现混合式学习的关键环节，为高等教育教学改革提供了新的思路。基于 MOOC 技术的混合式学习平台，把 MOOC 的便捷性、交互性保留下来，是教育技术的一大突破。MOOC 的本质是把互联网与信息技术运用于教育教学中，使知识的生成和传播速度发生了指数级的增长，让更多的人在更便捷的条件下获得优质的学习资源。混合式学习平台不仅充分利用了 MOOC 的优势，而且还把面对面学习中教师的作用也发挥了出来，既利用教师的经验组织教学，提高学习专注度和学习效率，又充分利用 MOOC 的开放性和灵活性，鼓励学生自我学习，培养学生的独立思考和探究能力。构建基于 MOOC 技术的混合式学习平台是破解高校大学生逃课率高、考试能力强动手能力弱、学习积极性差等难题的有效途径，是移动互联时代高等教育改革的新思路。

（5）推广混合式学习，难点在于建立混合式学习评价指标和体系，这是提升高等教育质量和效率的重要工作，是高等教育信息化工作的重要组成部分。本书运用德尔菲法和 AHP 层次分析法为混合式学习构建了一套实用、规范、可行的效果评价指标体系，指标体系包括 4 项一级指标、14 项二级指标，并依据混合式学习效果评价方法与实践经验，确定了评价指数标准。通过独立样本 T 检验，从成绩提升角度对混合式学习效果进行评价，证明混合式学习与传统面对面学习成绩存在显著性差异，混合式学习的平均成绩高于传统面对面学习。通过检验，从学习过程的角度验证了采用混合式学习方式的学生，不仅学习能力得到了提高，而且在学习管理、学习信心等方面也有了质的提升。学习效果评价是混合式学习推广和应用的重要依据，是推动混合式学习可持续发展的关键因素。

7.2 展望

研究取得了一定的成果，但限于研究时间和研究者精力，有些内容还有待进一步探索，主要包括：

（1）混合式学习的适用性研究需要进一步加强。由于学生个体之间存在差异，混合式学习对于不同学生而言，其适用程度不尽相同，对于不同的课程，其适用也不相同。因此，混合式学习的设计要因“生”而异、因“课”而异。在访谈中，很多教师认为，像“概率论与数理统计”“高等数学”等理工科课程，偏重于计算过程和公式推导演练，更适合传统的面对面学习方式。学生使用 MOOC 平台学习这一类课程，通过观看视频来学习计算方法和公式的推导过程往往是走马观花，难以掌握。但对于“中国传统文化”“世界近现代史”等文史类课程，采用混合式学习更能拓展知识量、开阔学生视野。另外，混合式学习对学生的学习自觉性和自律性是有要求的。混合式学习要求学生课前有较为充分的预习，否则在观看视频过程中，很多知识会有一知半解、囫囵吞枣的感觉，这就需要有较好的学习自觉性，在课前预习的环节下足功夫。有的学生学习的自律性不强，在线学习中不自觉地浏览与课程学习无关的网页，或者不时地查看聊天软件，学习效率很难提高。

（2）混合式学习的认知问题有待深入。人类社会的生活方式、生产方式和交互方式受互联网的影响是一个长期的过程，同样，人类对混合式学习的认知也是一个长期过程，需要全社会教育理念的转变。文化教育引领了未来社会的发展方向，把混合式学习作为一种全新的学习方式和教育模式，不仅关系到高校师生，还关系到教育主管部门、学生家长、用人单位、新闻媒体等众多社会群体的观念转变。目前，有的高校已经开展了网上课程的认证和跨校间的学分互认，有的用人单位也开始关注高校毕业生的网上课程结业证书，一些关于混合式学习的实验和尝试也在有条不紊地进行，相信不久的将来，混合式学习必将成为我国高等教育人才培养的主流模式之一。

（3）混合式学习的组织问题需要重点关注。对于混合式学习的课程设计和组织实施，学校和教育主管部门要赋权于师生。在混合式学习中，教师的任务不再是对知识的讲解和灌输，而是对知识的梳理和引导。在传统课堂教学中，教师要告诉学生“知识是什么”，在混合式学习中，教师要告诉学生“知识在哪里”。在课堂讨论中，混合式学习强调的是教师的引导作用，更多的希望学生是学习讨论的主体，而教师只是起到组织者的作用。在传统课堂教学中，学生的“学”主要体现在“听”和“记”的环节，而在混合式教学中，则希望教师将学生的“学”转变到“找”和“解”环节，让学生自由地在互联网上寻找想要的知识，在解答问题的过程中去主动地交流和探索。互联网时代，知识的生成、发展、演变和传播都发生了一系列变化，而这些变化必然会带来“教”与“学”的改变。

（4）混合式学习的评价问题有待进一步完善。混合式学习的效果评价，是一个复杂的过程，主要包括总结性评价、形成性评价以及自我评价等。教师通过学校统一组织的期中、期末考试，可给学生以总结性评价。通过在线学习平台，借助于相关技术，教师也可以很容易地统计到学生平时提交的作业、作品的完成情况以及参与学习活动的积极性，形成性评价客观公正。另外，学生也可以根据自己完成作业、参与学习活动的情况以及对知识的理解与掌握程度进行自我评价。越来越多的研究成果表明，学生对学习过程的满意度评价决定了学习兴趣和学习质量。在混合式学习中，学生可以根据自己的理解程度反复观看课程视频，可以自己决定自己的学习进度。课堂上讨论的问题，是学生自己选定的，教师角色的改变让学生成为课堂上的主人。这种既能充分利用网上学习资源，又能不脱离沉浸式课堂教学的学习方式，极大地增强了学生的学习满意度。

（5）混合式学习的基础设施问题是重点也是难点。在访谈中很多教师反映，网络基础设施条件制约了混合式学习的发展。现在很多地方高校受局域网带宽的限制，网速较慢，很多学校也无法实现全校区无线上网，这就难以实现学生的随时随地上网和移动互联学习。很多学校鼓励教师制作 MOOC，但受校园服务器容量的限制，无法做到流畅播放，影响了学生的观看和学习。除了网络基础设施建设，教室的设计和建设也需要符合混合式学习的要求。混合式学习的课堂学习部分以交流讨论为主，圆桌会议式的座椅布局更有利于这种学习方式的开展。混合式学习的基础设施建设是一项任务艰巨而又意义重大的基础工程，需要政府的持续投入和全社会的参与。

混合式学习是基于互联网教育理念发展起来的，特别是近几年 MOOC 平台的发展壮大，加速了混合式学习的系统设计与开发研究。随着信息技术的不断进步，关于混合式学习的研究也将呈现出新的趋势和发展方向。

（1）混合式学习的实现路径有很多，本书仅从平台设计和教学过程方面进行了研究，其他层面需要在后续的研究中不断深化和细化，但有一点可以明确，混合式学习可能成为未来最重要的学习方式之一。面对面的课堂教学至今仍是学校教育的主要教学模式，它有利于发挥教师的主导作用，教学效率较高，学生的课程完成率也较高。但缺点突出，如学习过分依赖教师个人的水平和经验；课堂上过于追求整齐划一，却忽略了学生的个性化学习培养；学习内容仅限于指定教材和学校提供的学习资料，过于单调；学习评价往往以考试为准，很难从学习过程中分析学生的学习习惯与差异；协同学习和探究学习空间不足。在线学习虽然具有进入门槛低、经济投入少、时间地点相对灵活等优势，但对学习者自主学习能力却有很高要求。在线学习一般是通过观看教学视频进行学习，缺乏授课者的指导和互动，学习者很容易对课程丧失兴趣从而导致学习的终止。因此，在线学习要求学习者具备良好的自律能力和自我约束能力，能够自觉地、主动积极地进行学习，否则在线学习就是一纸空文。

混合式学习结合了二者的优势，能充分发挥教师的主导作用和学生的自主学习能力，能充分利用网络和多媒体技术所构建的友好逼真的学习环境，教学资源更加丰富，知识获取更加便捷，师生交流更加多元。2018 年，K-12 在线学习国际协会发布了《混合式学习：在线和面对面教育的进化（2008 — 2018)》。报告指出，未来会有越来越多的国家、地区和学校认识到混合式学习能够改变现有教育模式的潜力，能为教师节省更多的时间、创造更多的价值，能为学习者提供优质的教育资源和个性化学习环境。因此，相信在不久的将来，混合式学习有可能取代传统的课堂学习，成为一种主流的学习方式。

（2）各类新技术会不断融入混合式学习，混合式学习的内容和方式会越来越精彩，研究工作只有继续下去，才能有真正的意义。随着时代的发展和科技的进步，越来越多的新技术会进入教育领域，会给混合式学习注入新鲜的血液和动力，如虚拟现实技术，它是一种利用信息技术生成模拟环境，让人体验虚拟世界的新技术，虚拟现实技术充分利用了实体行为系统仿真技术和交互式三维动态视景技术，使用户完全沉浸到虚拟的情境之中。在未来混合式学习的设计中，虚拟现实技术将会得到更广泛的应用。2016 年 3 月，谷歌公司的阿尔法与世界冠军李世石的人机围棋大战引起全世界对人工智能的关注。很多专家看好人工智能应用于教育领域的前景，因为人工智能有超强的计算能力，通过信息反馈能够监测人类整个学习过程，全信息、全方位的学习评价将成为可能。人工智能能够给教学提供良好的反馈和测评，使个性化学习方案的制订变得轻松；人工智能的大数据技术可以让学习互动更加深入，有利于自主学习和探究学习的培养。总而言之，随着科技的进步，混合式学习的内容和方式将越来越精彩。

（3）混合式学习的可持续发展离不开成功的商业模式，但本书没有涉猎混合式学习的商业价值和市场前景方面的研究，笔者后续的研究将就此问题展开，以期把混合式学习的研究视角展现得更加全面和清晰。混合式学习的设计与应用吸取了 MOOC 的优势和经验，但学习者的学习体验较 MOOC 却大不相同。因为混合式学习过程有教师的协助和辅导，这种模式的学习能有效地提高学业完成率，有助于学生拿到学分和证书，其商业价值更加突出。混合式学习会推动市场对互联网课程的新一轮需求，很多教师会与商业 MOOC 制作公司合作，为自己量身打造在线课程，付费的、有专利权的在线课程会给学习者提供更多的选择和服务。混合式学习可以让更多的人接受高等教育，门槛的降低意味着潜在客户更多、市场更大，可以吸引更多的企业和机构投入资金，混合式学习设计与应用的商业规模和市场价值将会越来越大。

参 考 文 献

[1]Alario-Hoyos，Mar Pérez-Sanagustín，Carlos Delgado-Kloos，et al. Analysing the Impact of Built-In and Eternal Social Tools in a MOOC on Educational Technologies[J].European Conference on Techonology Enhanced Learning，2013（8095）：5-18.

[2]Ali A，Ahmad I.Key factors for determining students，satisfaction in assistance learning courses：a study of Allama Iqbal Open University[J].Contemporary Educational Technology，2011，2（2）：118-134.

[3]Barak M，Watted A，Haick H. Motivation to learn in massive open online courses：examining aspects of language and social engagement[J].Computers & Education，2016（94）：49-60.

[4]Smith B，Ivnik M，Owens B，et al.Use of an interactive health communication application in a patient education center[J].Journal of Hospital Librarianship，2005，5（5）：41-49.

[5]Belanger Y，Thornton J.Bioelectricity：a quantitative approach—Duke University's first MOOC[J].Inorganic Materials，

2013，38（2）：522-526.

[6]Bersin J.The Blended Learning book：best practices，proven methodologies and lessons learned[J].Turkish Online Journal of Distance Education，2016，11（3）：1-9.

[7]Breslo W L，Pritchard D E，Deboer J，et al.Studying learning in We World Wide classroom research into edX's first MOOC[J].Research & Practice in Assessment，2013（8）：13-25.

[8]Chang H L，Wang K，Chiu I.Business-IT fit in e-procurement systems：evidence from high technology firms in China[J]. Information Systems Journal，2008，8（4）：381-404.

[9]Chen W S，Yao A Y T. An empirical evaluation of critical factors influencing learner satisfaction in Blended Learning：a pilot study[J].Universal Journal of Educational Research，2016，4（7）：1667-1671.

[10]Chen N S，Kinshuk，C W Wei，et al. Classroom climate and learning effectiveness comparison for physical and cyber F2F interaction in holistic-Blended Learning environment[C]. IEEE International Conference on Advanced Learning technologies，2007：313-317.

[11]Christensen C M，Horn M B，Staker H.Is K-12 Blended Learning disruptive？ An introduction of the theory of hybrids [J]. Clayton Christensen Institute for Disruptive Innovation，2013（5）：1-48.

[12]Cooper S，Sahami M. Education reflections on Stanford's MOOCs：new possibilities in online education create new

challenges[J].Communications of the ACM，2013，56（2）：28-30.

[13]Daniel J.Making sense of MOOCs：musings of myth，paradox and possibility[J]. Modern Distance Education research，2012（3）：18-19.

[14]Daradoumis T，Bassi R，Xhafa F，et al.A review on massive e-Learning（MOOC）design，delivery and assessment[C]. Eighth International Conference on P2P，2013：208-213.

[15]Dawson P.Motivation and cognitive load in the flipped classroom：definition，rationale and a call for research[J]. Higher Education Research & Development，2015，34（1）：1-14.

[16]Giannousi M，Vemadakis N，Deni V，et al.A comparison of student knowledge between traditional and blended instruction in a physical education in early childhood course[J].Turkish Online Journal of Distance Education，2014，15（1）：99-113.

[17]Driscoll M. Applying learning theory to mobile learning [J].Td Talent Development，2015，69（1）：1-15.

[18]Doug C.MOOCs and the funnel of participation .International Conference on Learning Analytics and Knowledge[C].New York：ACM，2013：185-189.

[19]Driscoll M，Reid J E. Web-based training：An over view of training tools for the technical writing industry [J]. Technical Communication Quarterly，1999，8（8）：73-86.

[20]Ertmer P，Gedik N T，Richardson J C，et al.Perceived

value of online discussions：perceptions of engineering and education students[C]. Proceedings of World Conference on Educational Multimedia，Hypermedia and Telecommunications，2008：4679-4687.

[21]Fei M，Yeung D Y.Temporal models for predicting student dropout in massive open online courses[C].IEEE International Conference on Data Mining Workshop，2015，11（4）：256-263.

[22]Ferguson R，Clow D.Examining engagement：analyzing learner subpopulations in massive open online courses[C]. International Conference on Learning Analytics & knowledge，2015：51-58.

[23]Franka G，Christoph M T，Christian W.Desugning MOOCs for the support of multiple learning styles[M]//Berlin：Springer-Verlag Berlin Heidelberg,2013：371-382.

[24]Fred G M.Will massive open online courses change how we teach ？[J].Communications of the Acm，2012，55（8）：26-28.

[25]Graham C R，Woodfield W，Harrison J B.A frame work for institutional adoption and implementation of Blended Learning in higher education[J].Internet &Higher Education，2013，18（3）：4-14.

[26]Hoic B N，Momar V.A Blended Learning approach to course design and implementation[J].IEEE Transactions on Education，2009，52（1）：19-30.

[27]Hofinann J，Dunkling G.Best practices in blended

E-Learning[C].Titleworld Conference on E-Learning in Corporate，2002（1）：2491-2493.

[28]Hughes G，Dobbins C.The utilization of data analysis techniques in predicting student performance in massive open online courses[J].Research and Practice in Technology Enhanced Learning，2015，10（1）：10-11.

[29]Joo Y J，Lim K Y，Kim E K.Online university students` satisfaction and persistence：examining perceived level of presence，usefulness and ease of use as predictors in structural model[J].Computers & Education，2011，57（2）：1654-1664.

[30]Kassab S E，Alshafei A I，Salem A H，et al.Relationships between the quality of blended learning experience，self-regulated learning，and academic achievement of medical students：a path analysis[J].Advances in Medical Education & Practice，2015（6）：27-29.

[31]Khalil M，Ebner M.Clustering patterns of engagement in massive open online courses：the use of learning analytics to reveal student categories[J].Journal of Computing in Higher Education，2016，29（1）：1-19.

[32]Khlifi Y，Bessadok A.Integrated model for security and protection of critical infrastructure [J]. Open Access Library Journal，2014，1（9）：1-7.

[33]King C O，Guyette R W，Piotrowski C.Online exams and cheating：an empirical analysis of business students' views[J].The Journal of Educators Online，2009，6（1）：1-11.

[34]Lafrance J，Blizzard J.Student perceptions of digital story telling as a learning-tool for educational leaded[J]. International Journal of Educational Leadership Preparation，2013（8）：25-43.

[35]Lim D H，Morris M L.Learner and instructional factors influencing learning outcomes within a Blended Learning environment[J].Educational Technology & Society，2009，12（4）：282-293.

[36]Lemke J，Sabelli N.Complex systems and educational change：towards a new research agenda[J].Educational Philosophy and Theory，2008（40）：118-129.

[37] Lewin T.College of future could become one，come all[N]. The New York Times，2012-11-20（01）.

[38]Lorenz E N.Deterministic nonperiodic flow [J].Journal of Atmospheric Sciences，2008，4（32）：475-480.

[39]Mackness J，Waite M，Roberts G，et al.Learning in a small，task-oriented，connectivist MOOC：pedagogical implications issues and implications for higher education[J]. Interactional Research in Open & Distance Learning，2013，14（4）：140-159.

[40] Mcgill T J，Klobas J E.A task-technology fit view of learning management system impact [J]. Computers & Education，2009，52（2）：495-508.

[41]Mcgill T J，Klobas J E，Renzi S.Critical success factors for the continuation of E-Learning initiatives[J].Internet & Higher Education，2014（22）：24-36.

[42]MerrilI M D.First principles of instruction[J].Educational Technology：Research and Development，2002（3）：43-59.

[43]Meyer J P，Zhu S.Fair and equitable measurement of student learning in MOOCs：an introduction to item response theory，scale linking，and score equating[J].Research& Practice in Assessment，2013，8（1）：26-39.

[44]Oliver E.Closing gaps in open distance learning for theology students[J].Acta Theologica，2012，32（2）：162-183.

[45]Olives R L.Measurement and evaluation of satisfaction processes in retail settings[J].Journal of Retailing，1981，57（3）：25-48.

[46]Owston R，York D，Murtha S.Student perceptions and achievement in a university blended learning strategic initiative[J].The Internet and Higher Education，2013，18（18）：35-46.

[47]Pappano L.The Year of the MOOC[N].The New York Times，2012-11-04.

[48]PappanoL.Learning to think outside the box[J].Courier Japan，2012，2（12）：1-7.

[49]Paechter M，Maier B.Online or face-to-face？ Students' experiences and preferences in e-Learning[J].Internet & Higher Education，2010，13（4）：292-297.

[50]Picciano A.Beyond student perceptions：issues of interaction，presence and performance in an online course[J].Journal of Asynchronous Learning Networks，2002，6（1）：21-38.

[51]Powerll A O，Verma S.Blending learning：The evolution of online and face-to-face education from 2008—2015. Promising practices in blended and online learning series [J]. International Association for K-12 Online Learning，2015(7)：1-20.

[52]PrietoI M，Revilla E.Formal and informal facilitators of learning capability：the moderating effect of learning climate[J]. Working Papers Economia，2006（3）：6-9.

[53]Reich J. MOOC completion and retention in the context of student intent[J]. Silniki Spalinowe，2014，99（2）：387-392.

[54]Roca JC，Gagne M. Understandings-learning continuance intention in the workplace：a self-determination theory perspective[J]. Computers in Human Behavior，2008，24(4)：1585- 1604.

[55]Rodriguez O. The concept of openness behind c-and x-MOOCs[J]. Open Praxis，2013，5（1）：67 -73.

[56]Rowe NC. Cheating in online student assessment：beyond plagiarism[J]. Online Journal of Distance Learning Administration，2004，7（2）：101-127.

[57]Sahin L Shelley M. Considering students'perceptions：the distance education student satisfaction model[J]. Journal of Educational Technology & Society，2008，11（3）：216 -223.

[58]Sher A. Assessing the relationship of student-instructor and student-student interaction to student learning and satisfaction

in web-based online learning environment[J]. Journal of Interactive Online Learning，2009，8（2）: 102-120.

[59]Singh H，Reed C. A white paper：achieving success with blended learning[J].Central Software Retrieved，2001，12（3）：206-207.

[60]Skiba DJ. Disruption in higher education：massively open online courses[J]. Nursing Education Perspectives，2012，33（6）: 416-417.

[61]Small F，Dowell D，Simmons P. Teacher communication preferred over peer interaction：student satisfaction with different tools in a virtual learning environment[J]. Journal of International Education in Business，2012，5（2）: 114-128.

[62]Sun P C，Tsai R J，Finger G，et al. What drives a successful e-learning- An empirical investigation of the critical factor's influencing learner satisfaction[J]. Computers & Education，2008，50（4）: 1183-1202.

[63]Talbert R. Inverting the linear algebra classroom [J].Primus Problems Resources & Issues in Mathematics Undergraduate Studies，2014，24（5）: 361 -374.

[64]Stockwell，Brent R，Stockwell B，et al. Blended learning improves science education[J]. Cell，2015，162（5）：933-936.

[65]Trigwell K，Prosser M. Improving the quality of student learning：the influence of learning context and student approaches to learning on learning outcomes the quality of

student learning：the influence of learning Improving to learning on learning outcomes context and student[J]. Higher Education，2013，22（3）：251 -266.

[66]Tseng S F，Tsao Y W，Yu L C，et al. Who will pass-Analyzing learner behaviors in MOOCs[J]. Research and Practice in Technology Enhanced Learning，2016，11（1）：8-9.

[67]Verma，Alok K，Ferrari，et al. Marine tech project-Attracting students towards math and science careers in shipbuilding and repair industry [J]. Journal of Ship Production，2010，26（26）：29 -35.

[68]Viswanath D，Sahutoglu S. Complex Singularities and the Lorenz Attractor[J]. SIAM Review，2009，52（2）：294-314.

[69]Wang Y S. Assessment of learner satisfaction with asynchronous electronic learning systems [J]. In formation and Management，2003，41（1）：75-86.

[70]Wu J，Liu W. An empirical investigation of the critical factors affecting students satisfaction in EFL blended learning[J]. Journal of Language Teaching & Research，2013，4（1）：3-6.

[71]Yadira L，Tancho V T，Gomez M G.A typical：analysis of a massive open online course with a relatively high rate of program completers[J]. Global Education Review，2015，2（3）：68-81.

[72]NWC Horizon Project，Gong Z W,WuD. NMC horizon report：2013 higher education edition [J]. Journal of Guangzhou Open University，2013（3）：107-112.

[73] 爱德华·桑代克 . 人类的学习 [M]. 李维，译 . 北京：北京大学出版社，2010：11.

[74] 安德森 . 布卢姆教育目标分类学：分类学视野下的学与教及其测评 [M]. 蒋小平，译 . 北京：外语教学与研究出版社，2009：96-99.

[75] 蔡文游，汪琼 .2012：MOOC 元年 [J]. 中国教育网络，2013（4）：16-18.

[76] 曹传东，赵华新 .2005—2014 年国际混合式学习的知识图谱研究——基于 CiteSpace 的计量分析 [J]. 黑龙江高教研究，2016（5）：20-24.

[77] 曹继军，颜维琦 .“慕课”来了，中国大学怎么办？ [N]. 光明日报，2013-07-16（06）.

[78] 陈纯槿，王红 . 混合学习与网上学习对学生学习效果的影响——47 个实验和准实验的元分析 [J]. 开放教育研究，2013（2）：69-78.

[79] 陈肖庚，王顶明 .MOOC 的发展历程与主要特征分析 [J]. 现代教育技术，2013（11）：5-10.

[80] 陈然，杨化 .SPOC 混合学习模式设计研究 [J]. 中国远程教育，2015（5）：42-47.

[81] 陈怡，赵呈领 . 基于翻转课堂模式的教学设计及应用研究 [J]. 现代教育技术，2014（2）：49-54.

[82] 程建化 . 数字化学习环境研究 [J]. 中国教育信息化，2008（21）：20-22.

[83] 崔璨，刘玉，汪琼 . 中国大陆地区 2014 年高校慕课课程建设情况调查 [J]. 中国电化教育，2015（7）：19-24.

[84] 丁兴富 . 远程教育学 [M]. 北京：北京师范大学出版社，

2001：115.

[85] 戴卓，郑孝庭.网络教学平台满意度影响因素研究[J].中国远程教育，2014（4）：51-57.

[86] 董晓霞，李建佑.MOOC的运营模式研究[J].中国电化教育，2014（7）：34-40.

[87] 杜世纯，傅泽田，王怡.浅论MOOC对我国高等教育的影响与启示[J].高等农业教育，2014（5）：41-43.

[88] 杜世纯，傅泽田.混合式学习探究[J].中国高教研究，2016（10）：52-55.

[89] 杜世纯，傅泽田.基于MOOC的混合式学习及其实证研究[J].中国电化教育，2016（12）：129-133.

[90] 达芙妮·科勒.我们能从在线教育中学到什么？[J].上海教育，2013（24）：24-26.

[91] 樊文强.基于关联主义的大规模网络开放课程（MOOC）及其学习支持[J].远程教育，2012（3）：31-36.

[92] 樊文强.MOOC学习成果认证及对高等教育变革路径的影响[J].现代远程教育研究，2015，93（3）：53-64.

[93] 裴小琴，夏春明，杜龙兵.MOOC视角下混合式教学效果评价体系研究[J].未来与发展，2015（11）：96-98.

[94] 甘永成，祝智庭.虚拟学习社区知识建构和集体智慧发展的学习框架[J].中国电化教育，2006（5）：27-32.

[95] 苟胜难.翻转课堂教学模式在高校信息技术基础课程中的运用研究——以乐山师范学院为例[J].时代教育，2014（3）：129-130.

[96] 冯锐，董利亚，李闻.专题教育社区评价指标体系建构的方法研究[J].中国电化教育，2016，12（2）：44-51.

[97] 关励强，李瑞兴，刘运成 . 医学研究生教育评价研究与实践 [M]. 北京：军事医学科学出版社，2001.

[98] 顾明远 . 试论教育现代化的基本特征 [J]. 教育研究，2012（9）: 4-10.

[99] 顾小青 . 信息时代的教师专业发展：理念、方法 [J]. 电化教育研究，2005（2）: 35-39.

[100] 郭炯，霍秀爽 . 网络教学研讨中教师协同知识建构研究 [J]. 中国电化教育，2014（3）: 101-109.

[101] 韩锡斌，崔文暸，程建钢 .cMOOC 与 xMOOC 辩证分析及高等教育生态链的整合 [J]. 现代远程教育研究，2013（6）: 3-10.

[102] 韩锡斌，葛文双，周潜，等 .MOOCs 平台与国际典型网络教学平台的比较研究 [J]. 中国电化教育，2014（1）: 61-68.

[103] 韩锡斌，刘英群，周潜 . 数字化学习环境的设计与开发 [M]. 北京：中央广播电视大学出版社，2012.

[104] 韩锡斌，朱永海，程建钢 .MOOCs 在全球高等教育引发海啸的根源分析 [J]. 北京大学教育评论，2014（7）: 165-167.

[105] 贺斌，曹阳 .SPOC : 基于 MOOC 的教学流程创新 [J]. 中国电化教育，2015（3）: 22-29.

[106] 何克抗 . 从 Blending Learning 看教育技术理论的新发展（上）[J]. 电化教育研究 2004（3）: 1-7.

[107] 何克抗 . 对美国信息技术与课程整合理论的分析思考和新整合理论的建构 [J]. 中国电化教育，2008（7）: 6-7.

[108] 黄磊，杨九民，李文昊 . 基于免费网络服务的高校混合

式学习模式构建——以"现代教育技术"课程为例 [J]. 电化教育研究，2011（8）：103-108.

[109] 黄健青，李芳 .MOOC 模式对我国开放教育发展的启示 [J]. 电化教育研究，2015（10）：59-61.

[110] 黄荣怀，马丁，郑兰琴，等 . 混合式学习的课程设计理论 [J]. 电化教育研究，2009（1）：9-14.

[111] 黄荣怀，张进宝，经倩霞，等 . 面向 2030 教育发展议程的全球教育信息化发展战略——解读《青岛宣言》教育目标行动框架 [J]. 开放教育研究，2016（1）：37-42.

[112] 黄荣怀，杨俊锋，胡永斌 . 从数字学习环境到智慧学习环境——学习环境的变革与趋势 [J]. 开放教育研究，2012（1）：75-84.

[113] 黄荣怀，刘晓琳，杜静 . 教育信息化促进基础教育变革的影响因素研究 [J]. 中国电化教育，2016（4）：1-6.

[114] 黄荣怀 . 教育信息化助力当前教育变革：机遇与挑战 [J]. 中国电化教育，2011（1）：36-40.

[115] 胡志金 . 论混合学习设计的适配原则和定位策略 [J]. 中国远程教育，2011（3）：36-40.

[116] 胡勇 . 在线学习平台使用意向预测模型的构建和测量 [J]. 电化教育研究，2014（9）：71-78.

[117] 焦建利 . 大学如何推动和发展慕课？——给校长们的八点建议 [J]. 中国远程教育，2014（3）：87-88.

[118] 焦建利 .MOOC：大学的机遇与挑战 [J]. 中国教育网络，2013（4）：21-23.

[119] 焦建利 . 从开放教育资源到"慕课"——我们能从中学到些什么 [J]. 中小学信息技术教育，2012（10）：17-18.

[120] 靳玉乐，艾兴 . 新课程改革的理论基础是什么 [J]. 基础教育外语教学研究，2005（9）: 4-5.

[121] 贾义敏 . 国际高等教育开放课程的现状、问题与趋势 [J]. 现代远距离教育，2008（1）: 31-34.

[122] 贾志宇 . 基于混合模式的信息化教学设计与应用成效研究 [D]. 西安：陕西师范大学，2015.

[123] 姜蔺，韩锡斌，周潜，等 .MOOCs 学习者特征及学习效果分析研究 [J]. 中国电化教育，2013（11）: 54-59.

[124] 姜强 .MOOC 低完课率现象背景下的设计质量有效规范实证研究 [J]. 电化教育研究，2016（1）: 51-58.

[125] 金慧，刘迪，高玲慧，等 . 新媒体联盟《地平线报告》（2016 高等教育版）解读与启示 [J]. 远程教育杂志，2016（2）: 3-10.

[126] 吉兵 . 远程教育中混合式学习模式转型发展路径探析 [J]. 继续教育研究，2017（2）: 69-71.

[127] 金一，王移芝，刘君亮 . 基于混合式学习的分层教学模式研究 [J]. 现代教育技术，2013（1）: 38-40.

[128] 纪德辛，姚军 . 从“潮课”现象看高校选修课程开发的困惑与抉择 [J]. 高等教育研究，2013（7）: 65-69.

[129] 康叶钦 . 在线教育的“后 MOOC 时代”——SPOC 解析 [J]. 清华大学教育研究，2014（1）: 85-93.

[130] 李宝，张文兰，张思瑜，等 . 混合式学习中学习满意度影响因素的模型研究 [J]. 远程教育杂志，2016，34（1）: 69-75.

[131] 李明华 .MOOCs 革命：独立课程市场形成和高等教育世界市场新格局 [J]. 开放教育研究，2013，19（3）: 11-29.

[132] 李曼丽，张羽，叶赋桂，等．解码MOOC：大规模在线开放课程的教育学考察[M]. 北京：清华大学出版社，2013.

[133] 李曼丽，张羽，黄振中．大规模开放在线课程：正在酝酿高等教育的革新[N]. 中国科学报，2013-5-30（07）.

[134] 李敏，韩丰．虚拟现实技术综述[J]. 软件导刊，2010（6）：142-143.

[135] 李青，王涛．MOOC：一种基于连通主义的巨型开放课程模式[J]. 中国远程教育，2012（3）：30-36.

[136] 李普华，薛宏丽，赵玉涛．多主体视域下MOOC的混合式学习探索[J]. 高校教育管理，2016（6）：88-92.

[137] 李纪元．MOOC背后的理念[J]. 中国教育网络，2013（4）：39-41.

[138] 李克东，赵建华．混合学习的原理与应用模式[J]. 电化教育研究，2004（7）：1-6.

[139] 李逢庆．混合式教学的理论基础与教学设计[J]. 现代教育技术，2016（9）：18-20.

[140] 李云文，王铁方，杨屹．混合学习如何切入高校课程——论基于混合学习的高校课程设计模式[J]. 教育理论与实践，2010（36）：51-53.

[141] 黎加厚．微课程教学法与翻转课堂的中国本土化行动[J]. 中国教育信息化，2014（14）：7-9.

[142] 黎加厚．信息时代的教育叙事与教师主体意识的觉醒[J]. 中国电化教育，2004（10）：40-44.

[143] 刘莉．开放教育资源运动：焦点与轨迹——2008开放教育国际会议的几点启示[J]. 中国远程教育，2008（11）：

11-13.

[144] 刘黄玲子，黄荣怀，樊磊，等 .CSCL 交互研究的理论模型 [J]. 中国电化教育，2005（4）：18-23.

[145] 刘惠闵 . 从“+ 互联网”到“互联网 +”的教育思考 [J]. 软件导刊，2016（1）：44-45.

[146] 刘佳慧，王杜春 . 基于文献计量的 MOOC 课程文献综述 [J]. 黑龙江教育（高教研究与评估），2017（1）：38-41.

[147] 刘杨，黄振中，张羽，等 . 中国 MOOC 学习者参与情况调查报告 [J]. 清华大学教育研究，2013（4）：28-34.

[148] 刘晓琳，胡永斌，黄荣怀，等 . 全球视野下美国 K-12 混合与在线教育的现状与未来 [J]. 现代远程教育研究，2014（12）：3-8.

[149] 罗冬梅 . 混合学习模式下的教学过程设计与实施——以《网络教育应用》课程为例 [J]. 现代教育技术，2010（10）：36-37.

[150] 路兴，赵国栋，原帅，等 . 高校教师的混合式学习接受度及其影响因素研究——以北大教学网为例 [J]. 远程教育杂志，2011（2）：62-69.

[151] 罗九同，孙梦，顾小清 . 混合学习视角下 MOOC 的创新研究：SPOC 案例分析 [J]. 现代教育技术，2014（7）：24-25.

[152] 罗洁 . 信息技术带动学习变革——从课堂学习到虚拟学习、移动学习再到泛在学习 [J]. 中国电化教育，2014（1）：15-16.

[153] 柳春艳 . SPOC 在中小学教育中的应用模式探索——基于 ARCS 模型视角 [J]. 中国电化教育，2015（12）：120-

125.

[154] 鲁武霞 . 高职专科与应用型本科衔接的观念桎梏及其突破 [J]. 高等教育研究，2012（8）：59-64.

[155] 陆莉莉 . 基于网络教学平台的混合学习的应用研究 [D]. 上海：上海师范大学，2012.

[156] 林莉兰 . 混合式学习模式下高校网络自主学习及评价活动调查 [J]. 中国电化教育，2016（11）：74-76.

[157] 林秀曼，谢舒潇，吴芸 . 基于网络教学平台的大学生学习能力促进研究 [J]. 电化教育研究，2013（9）：57-61.

[158] 迈克尔 · 霍恩，希瑟 · 斯特克 . 混合式学习——用颠覆式创新推动教育革命 [M]. 聂风华，徐铁英，译 . 北京：机械工业出版社，2015；6-20.

[159] 马金钟 . 依托 MOOC 平台的高校课程联盟运行机制及实施策略 [J]. 中国电化教育，2014（12）：81-84.

[160] 马新娟，张立红，刘晓红，等 . 混合式学习在程序设计基础课程教学中的应用研究 [J]. 黑龙江教育（理论与实践），2017（21）：82-83.

[161] 马志强，孔丽丽，曾宁 . 国内外混合式学习研究热点及趋势分析——基于 2005—2015 年 SSCI 和 CSSCI 期刊论文比较 [J]. 现代远程教育研究，2016，142（4）：49-57.

[162] 孟亚玲，魏继宗 . MOOC 本质新界说 [J]. 电化教育研究，2016（7）：43-49.

[163] 孟庆双，刘向敏，吴芸 . 建构主义学习理论与混合式学习 [J]. 软件导刊，2008（8）：7-8.

[164] 孟亚玲 . 从"MOOC 中文用户大摸底"看其对中国教育的影响 [J]. 电化教育研究，2014（8）：38-43.

[165] 牟占生，董博杰 . 基于 MOOC 的混合式学习模式探究——以 Coursera 平台为例 [J]. 现代教育技术，2014（5）：73-74.

[166] 牛少男 . 中外开放教育定义述评和分析研究 [J]. 厦门广播电视大学学报，2013（3）：9-13.

[167] 彭绍东 . 混合式协作学习中知识建构的三循环模型研究 [J]. 中国电化教育，2015（9）：40-42.

[168] 彭绍东 . 从面对面的协作学习、计算机支持的协作学习到混合式协作学习 [J]. 电化教育研究，2010（8）：42-50.

[169] 彭燕妮，刘清堂，李世堂，等 . 混合式学习在课程教学中的应用研究 [J]. 中国教育信息化，2011（7）：57-60.

[170] 乔治 · 西蒙斯 . 网络时代的知识和学习——走向连通 [M]. 上海：华东师范大学出版社，2009：1-24.

[171] 乔振国，汪琼 .E-Learning 给我国高校教师带来的挑战 [J]. 电化教育研究，2009（7）：21-26.

[172] 邱伟华 . 高等教育慕课市场的认证机制研究 [J]. 开放教育研究，2015（3）：40-45.

[173] 桑新民，李曙华，谢阳斌 ."乔布斯之问"的文化战略解读——在线课程新潮流的深层思考 [J]. 开放教育研究，2013，19（3）：30-41.

[174] 司欢欢，万蕾 . 混合式大学英语写作教学模式构建 [J]. 英语广场，2017（2）：73-75.

[175] 苏小红，赵玲玲，叶麟，等 . 基于 MOOC+SPOC 的混合式教学的探索与实践 [J]. 中国大学教学，2015（7）：63-65.

[176] 孙缊，王永固，邱飞岳 . 基于协同过滤技术的在线学习

资源个性化推荐系统研究 [J]. 中国远程教育，2012（15）：78-82.

[177] 孙雨生，程亚南，朱礼军 . 基于 MOOC 的高校教学模式构建研究 [J]. 远程教育杂志，2015（2）：68-70.

[178] 沈书生，刘强，谢同祥 . 一种基于电子书包的翻转课堂教学模式 [J]. 中国电化教育，2013（12）：107-111.

[179] 沈丽燕，赵爱军，董格 . 精品课程到精品视频公开课的发展看中国开放教育新阶段 [J]. 现代教育技术，2012（11）：62-67.

[180] 石小岑 . 美国 K-12 混合式学习模式变革的多元化路径 [J]. 远程教育杂志，2016（1）；53-60.

[181] 唐阿涛 . 国家精品课程建设现状及代价分析 [D]. 苏州：苏州大学，2009.

[182] 田世生，傅钢善 .Blended Learning 初步研究 [J]. 电化教育研究，2004（7）：7-8.

[183] 王竹立，李小玉，林津 . 智能手机与“互联网 +”课堂——信息技术与教学整合的新思维、新路径 [J]. 远程教育杂志，2015（4）：14-21.

[184] 王琛，国兆亮 . 混合式学习实施效果的影响因素初探——基于质性研究的结果 [J]. 北京航空航天大学学报（社会科学版），2014，27（5）：114-120 .

[185] 王萍 . 大规模在线开放课程的新发展与应用：从 cMOOC 到 xMOOC[J]. 现代远程教育研究，2013（3）：13-19.

[186] 王颖，张金磊，张宝辉 . 大规模网络开放课程（MOOC）典型项目特征分析及启示 [J]. 远程教育杂志，2013（4）；67-75.

[187] 王永固，张化 .MOOC：特征与学习机制 [J]. 教育研究，2014，9（9）：112-113.

[188] 王志军，陈丽，郑勤华 .MOOCs 的发展脉络及其三种实践形式 [J]. 中国电化教育，2014（7）：25-33.

[189] 王陆，杨惠，白继芳 .CSCL 基于问题解决的知识建构 [J]. 中国电化教育，2008（4）：31-34.

[190] 王晓晨，张进宝，杜静，等 . 全球教育信息化语境下的教育技术发展预测及应用模式探索——“首届中美智慧教育大会”回顾 [J]. 电化教育研究，2016（3）：34-41.

[191] 王朋娇，段婷婷，蔡宇南，等 . 基于 SPOC 的翻转课堂教学设计模式在开放大学中的应用研究 [J]. 中国电化教育，2015（12）：79-86.

[192] 王策三 . 认真对待“轻视知识”的教育思潮——再评由“应试教育”向素质教育转轨提法的讨论 [J]. 教育发展研究，2004（10）：61-65.

[193] 王左利 .MOOC：一场教育的风暴要来了吗？ [J]. 中国教育网络，2013（4）：10-14.

[194] 王利，黄文武 . 经管类实验教学中混合式学习模式的应用探讨 [J]. 实验技术与管理，2011，28（1）：121-124.

[195] 王怡 . 普通高校艺术教育效率问题及其改善路径研究 [D]. 南京：南京农业大学，2014.

[196] 王高玲，臧梦云，严蓓蕾 . 基于 Delphi 法的慢性病患者医疗依从性评估指标体系构建 [J]. 卫生软科学，2018（9）：33-36.

[197] 王硕，韩俏，关翠霞 . 基于混合式学习模式的“远程教育学”课程教学改革 [J]. 吉林工程技术师范学院学报，

2012，28（2）：42-46.

[198] 王仙雅，林盛，陈立芸 . 混合学习模式下 E-Learning 平台使用意愿的影响因素研究 [J]. 电化教育研究，2013（11）：72-85.

[199] 汪琼 .MOOCs 与现行高校教学融合模式举例 [J]. 中国教育信息化，2013（11）：14-15.

[200] 汪基德，冯莹莹，汪滢 .MOOC 热背后的冷思考 [J]. 教育研究，2014（9）：104-111.

[201] 汪瑞林 .MOOCs 辨析与在线教育发展——访清华大学教育研究院教授委员会副主任程建钢 [N]. 中国教育报 2014-01-04（03）.

[202] 汪世蓉 . 基于动态 DEA 学习效果评价模型研究 [J]. 决策参考，2010（8）：58-59.

[203] 魏雪峰，宋灵青 . 学习分析：更好地理解学生个性化学习过程——访谈学习分析研究专家 George Siemens 教授 [J]. 中国电化教育，2013（9）：1-4.

[204] 魏雪峰，杨现民 . 移动学习：国际研究实践与展望——访英国开放大学迈克 · 沙普尔斯教授 [J]. 开放教育研究，2014（1）：4-8.

[205] 魏雪峰 . 虚拟实验的"热"现状与"冷"思考 [J]. 中国电化教育，2011（4）：126-127.

[206] 魏雪峰，李逢庆，钟靓茹 .2015 年度国际教育信息化发展动态及趋势分析 [J]. 中国电化教育，2016（4）：120-127.

[207] 吴剑平，赵可 . 论大规模在线教育的政策选择 [J]. 清华大学教育研究，2013（4）：1-5.

[208] 吴江，陈君，金妙. 混合式协作学习情境下的交互模式演化探究 [J]. 远程教育杂志，2016（1）：56-59.

[209] 吴彦茹. 混合式学习促进大学生批判性思维能力发展的实证研究 [J]. 电化教育研究，2014（8）：83-88.

[210] 辛涛，姜宇林，林崇德，等. 论学生发展核心素养的内涵特征及框架定位 [J]. 中国教育学刊，2016（6）：3-7.

[211] 徐辉富，魏志慧，顾凤佳. 直面变革：中国式 MOOCs 的实践探索 [J]. 开放教育研究，2013（6）：11-17.

[212] 许涛. 开放教育与高等职业教育的对冲——大众化高等教育背景下开放大学的制度设计 [J]. 开放教育研究，2018（6）：43-46.

[213] 宣小红，薛莉，熊志刚，等. 教育学研究的热点与重点——对 2014 年度人大复印报刊资料《教育学》转载论文的分析与展望 [J]. 教育研究，2015（2）：18-32.

[214] 薛云. 基于 SPOC 翻转课堂教学模式的探索与反思 [J]. 中国电化教育，2016（5）：134-136.

[215] 杨九民，郭晓梅，严莉.MOOC 对我国高校精品开放课程建设的启示 [J]. 电化教育研究，2012（12）：44-49.

[216] 杨刚，胡来林.MOOC 对我国高校网络课程建设影响的理性思考 [J]. 中国电化教育，2015（3）：15-21.

[217] 杨维东，贾楠. 建构主义学习理论述评 [J]. 理论导刊，2011（1）：17-18.

[218] 杨根福. 混合式学习模式下网络教学平台持续使用与绩效影响因素研究 [J]. 电化教育研究，2015（7）：42-44.

[219] 尹合栋."后 MOOC"时期基于泛雅 SPOC 平台的混合教学模式探索 [J]. 现代教育技术，2015（11）：53-59.

[220] 尹合栋．“后 MOOC”时期 SPOC 教学平台的设计 [J]. 江苏开放大学学报，2015，8（4）：47-48.

[221] 姚媛，韩锡斌，刘英群，等 .MOOCs 与远程教育的运行机制比较研究 [J]. 远程教育杂志，2013（6）：3-4.

[222] 袁松鹤，马若龙 .MOOCs：开放、争论与启示 [J]. 中国电化教育，2014（1）：69-75.

[223] 袁莉，斯蒂芬·鲍威尔，马红亮．大规模开放在线课程的国际现状分析 [J]. 开放教育研究，2015（3）：56-62.

[224] 余善云．中国开放大学的学科与师资队伍建设 [J]. 开放教育研究，2012，18（2）：47-53.

[225] 余亮，黄荣怀，杨俊峰．开放课程发展路径研究 [J]. 开放教育研究，2013（6）：28-35.

[226] 俞树煌，朱欢乐．从开放课件到视频公开课：开放教育资源的发展及研究综述 [J]. 开放教育研究，2013（5）：55-61.

[227] 约翰·布鲁贝克．高等教育哲学 [M]. 郑继伟，等译．杭州：浙江教育出版社，1987：2.

[228] 约翰·丹尼尔，王志军，等．让 MOOCs 更有意义：在谎言、悖论和可能性的迷宫中沉思 [J]. 现代远程教育研究，2013（3）：3-12.

[229] 臧铁军．新高考改革的六项原则 [J]. 教育研究，2010（3）：52-56.

[230] 钟启泉，汪霞，王文静．课程与教学论 [M]. 上海：华东师范大学，2008：109-110.

[231] 钟启泉．学习环境设计：框架与课题 [J]. 教育研究，2015（1）：113-121.

[232] 钟启泉 . 概念重建与我国课程创新——与《认真对待“轻视知识”的教育思潮》作者商榷 [J]. 北京大学教育评论，2005（1）：48-57.

[233] 钟启泉，有宝华 . 发霉的奶酪——《认真对待“轻视知识”的教育思潮》读后感 [J]. 全球教育展望，2004（10）：3-7.

[234] 曾明星，李桂平，周清平，等 .MOOC 到 SPOC ：一种深度学习模式建构 [J]. 中国电化教育，2015（11）：28-34.

[235] 曾贞 . 反转教学的特征、实践及问题 [J]. 中国电化教育，2012（7）：114-117.

[236] 曾祥翊 . 专题教育社区的概念与特征 [J]. 中国电化教育，2013（10）：102-106.

[237] 张淑萍，范国睿 . 以数字故事促进学生 21 世纪技能发展——基于对芬兰“数字故事”研究的分析 [J]. 开放教育研究，2015（6）：53-61.

[238] 张岩 .“互联网 + 教育”理念及模式探析 [J]. 中国高教研究，2016（2）：70-73.

[239] 张其亮，王爱春 . 基于“翻转课堂”的新型混合式教学模式研究 [J]. 现代教育技术，2014（4）：27-32.

[240] 张玉飞 . 改革让阜新教育焕发生机 [N]. 阜新日报，2016-10-20（01）.

[241] 张金磊，王颖，张宝辉 . 翻转课堂教学模式研究 [J]. 远程教育杂志，2012（4）：46-51.

[242] 赵玉 . 基于混合式学习的“中职课程设计与开发”课程 [J]. 学习效果研究，2014（5）：92-94.

[243] 赵磊，朱泓，马红亮 . 高校混合教学的新机遇：MOOC

视角 [J]. 教育发展研究，2015（17）：50-55.

[244] 赵磊 .MOOC ：高等教育课程市场之破坏性创新 [J]. 中国电化教育，2016（9）：59-60.

[245] 赵兴龙，李奕 . 教师走网：移动互联时代教师流动的新取向 [J]. 教育研究，2016（4）：89-96.

[246] 赵小雅 . 对话钟启泉教授：义无反顾奏响改革进行曲 [N]. 中国教育报，2006-12-15（05）.

[247] 赵玉 . 基于混合式学习的"中职课程设计与开发"课程学习效果研究 [J]. 电化教育研究，2014（5）：91-96.

[248] 郑志高，张立国，张春荣 .xMOOC 的学习评价方法调查研究 [J]. 中国电化教育，2014（11）：46-47.

[249] 郑旭东，陈琳 .MOOCs 对我国精品资源共享课建设的启示研究 [J]. 中国电化教育，2014（7）：76-81.

[250] 周光礼，张文静 . 国家精品课程建设七年回望——一个政策评价框架的初步运用 [J]. 高等工程教育研究，2010（1）：36-52.

[251] 周素萍 . 移动虚拟学习社区中知识建构双回路循环模型研究 [J]. 中国电化教育，2012（3）：64-70.

[252] 周春红 . 基于 Blackboard 学习平台的混合学习模式的探索与实践 [J]. 电化教育研究，2011（2）：87-98.

[253] 詹泽慧，李晓华 . 混合学习：定义、策略、现状与发展趋势——与美国印第安纳大学柯蒂斯 · 邦克教授的对话 [J]. 中国电化教育，2009（12）：1-2.

附　　录

附录 1：普通高校大学生混合式学习调查问卷

亲爱的同学您好，感谢您参与本次调查！2002 年，MOOC 大规模开放在线课程席卷全球，给中国高等教育带来新的机遇与挑战。混合式学习是传统面对面学习和以 MOOC 为核心的在线学习的有机结合，是互联网时代以学习者为中心的一种全新的学习方式。混合式学习与传统的面对面学习和以 MOOC 为核心的在线学习孰优孰劣？一时成为教育界讨论的热点问题。关于混合式学习的研究虽然已经开展数年，但是来自高校大学生自己的声音还是十分稀少和珍贵的。因此，本次调查的宗旨就是要聆听大学生对混合式学习的真实心声。对于您填写的信息，我们将严格按照《中华人民共和国统计法》的相关规定予以保密。

本问卷的主要目的是了解您目前的学习状态和您对混合式学习的评价与看法，您的回答能够帮助您所在的学校了解您真实的学习需求和想法，以便为同学们创造更舒适的学习环境、更好的学习条件。请把您的答案填写进括号中，感谢您的合作！

混合式学习研究课题组

1. 您的性别（　）

A. 男

B. 女

2. 您所在年级（　）

A. 大一

B. 大二

C. 大三

D. 大四

3. 如果您在学习上遇到困难或问题一般会采用哪种方式寻求解决（　）

A. 请教老师和同学

B. 到图书馆查阅资料

C. 上网百度一下

D. 自己思索

E. 不去管它

4. 您的网龄有（　）

A.1 年内

B.1 ～ 3 年

C.3 ～ 5 年

D.5 ～ 8 年

E.8 年以上

5. 您平均每天上网的时长大概是（　）

A.1 ～ 3 小时

B.3 ～ 5 小时

C.5 ～ 8 小时

D.8 ～ 12 小时

E.12 小时以上

6. 根据以往经验，您网上学习的时间所占比例有多少?(　)

A. 非常多（50% 以上）

B. 比较多（30% ～ 50%）

C.一般水平（20% ～ 30%）

D. 较少（10% ～ 20%）

E. 很少（10% 以下）

7. 您的主要上网地点是（　）

A. 寝室

B. 教室、图书馆、自习室等

C. 学校机房

D. 网吧

E. 其他

8. 您上网的最主要目的是（　）

A. 查找学习资料

B. 发送电子邮件

C. 购物、娱乐与游戏

D. 聊天

E. 其他

9. 您最喜欢的网上交流方式是（　）

A. 聊天

B. 电子邮件

C. 视频或直播平台

D. 论坛

E. 其他

10. 您使用过哪些网上学习资源？（　）

A. 课程网站（MOOC）

B. 电子期刊库

C. 专业数据库

D. 搜索引擎

E. 专业论坛社区

11. 您选择在网上进行学习的原因是（　）

A. 学习资源丰富

B. 学习效率高

C. 受同学的影响

D. 感觉有兴趣

E. 比传统的课堂学习更有意思

12. 您知道 MOOC 吗？（　）

A. 非常了解，在网上学习过

B. 非常了解，但没学习过

C. 了解

D. 听说过一点

E. 不知道

13. 您访问过以下哪些 MOOC 网站？（　）

A. 学堂在线

B. 中国大学 MOOC

C. 尔雅

D. MOOC 学院

E. 果壳网

14. 您了解混合式学习这种学习方式吗？（　）

A. 非常了解

B. 比较了解

C. 一般

D. 不了解

E. 非常陌生

15. 您认为混合式学习能够对您的学业有帮助吗？（ ）

A. 肯定有

B. 有

C. 看情况

D. 一般不会有

E. 肯定没有

16. 如果条件允许，您是否会通过混合式学习平台来选修某些课程？（ ）

A. 肯定会

B. 会

C. 看情况

D. 一般不会

E. 肯定不会

17. 如果学校或老师让您用混合式学习方式来完成一门课程的学习，您会怎么做？（ ）

A. 非常积极

B. 比较积极

C. 一般

D. 比较消极

E. 非常消极

18. 对于混合式学习，您希望得到老师的指导吗？（ ）

A. 肯定需要

B. 需要

C. 一般

D. 不需要

E. 肯定不需要

19. 您认为最理想的在线学习资源是（　）

A. 拓宽视野的学习资源

B. 升学辅导资料

C. 专业课程的辅导资料

D. 其他学校的优质学习资源

E. 课程教案或讲义

20. 您认为影响混合式学习效果的主要因素有（　）

A. 在线课程的有用性

B. 在线课程的易用性

C. 学习氛围

D. 交互行为

E. 学习背景

21. 您认为干扰大学生混合式学习的负面因素有（　）

A. 在线课程没有导读和预习环节

B. 网上干扰性信息过多

C. 缺乏使用网络的技能和技巧

D. 没有自己需要的在线学习资源

E. 没有专业的混合式学习平台或网站

22. 您是否希望混合式学习方式能够完全取代现有的课堂学习？（　）

A. 非常希望

B. 比较希望

C. 有一点

D. 不希望

E. 非常不希望

23. 您认为混合式学习对您未来过上满意的生活有帮助吗？（　）

A. 非常有帮助

B. 比较有帮助

C. 有一点帮助

D. 无所谓

E. 没任何帮助

24. 您有质疑过混合式学习吗？（　）

A. 经常质疑

B. 有时质疑

C. 偶尔质疑

D. 从不质疑

E. 没考虑过

25. 在混合式学习中，您经常和同学讨论问题吗？（　）

A. 经常讨论

B. 有时讨论

C. 很少讨论

D. 从不讨论

E. 没考虑过

26. 您认为混合式学习中，哪种考核方式更能激发您的学习？（　）

A. 考试

B. 讨论

C. 实验报告

D. 个人独立完成的课程作业

E. 小组合作完成的课程作业

27. 您认为混合式学习的动力最主要来源于（ ）

A. 对知识本身的兴趣

B. 就业与升学压力

C. 父母的期望

D. 学校的氛围或同学的影响

E. 其他

28. 在大学期间，您希望混合式学习能帮助您完成以下哪些活动？（ ）

A. 专业必修课程

B. 升学

C. 在本专业要求之外的课程学习

D. 在本专业要求之外的语言学习

E. 参加一些竞赛或专业技术等级证书考试

29. 如果您对混合式学习有好的建议，请写在下面的横线上：

____

____

本次调查到此结束，再一次感谢您的大力配合，祝学习进步！

附录 2：关于混合式学习开展情况的访谈提纲

尊敬的老师：您好！

感谢您对混合式学习研究课题组的信任与理解，能和我们一起探讨有关我国普通高校混合式学习开展情况及其相关问题，您的意见与建议对我们的研究非常重要。本次访谈的内容仅限于与本课题相关的学术研究，不用于其他研究，不公开访谈记录，不涉及个人及单位隐私，再一次感谢您的理解与支持！

混合式学习研究课题组

访谈问题提纲：

1. 您认为普通高校开展混合式学习的目的是什么？

2. 您认为贵校混合式学习的开展是否到位？

3. 您认为混合式学习运用于哪些课程效果更好？

4. 您认为混合式学习对学生的成绩提高有帮助吗？

5. 您会在以后的教学中推广或使用混合式学习教学模式吗？

6. 您认为我国普通高校混合式学习存在的最大问题是什么？

7. 您对开展混合式学习的建议是什么？